JOSHUA HARRIS

EU DISSE ADEUS AO NAMORO

Atos

Traduzido do original em inglês
I kissed dating goodbye

Copyright © 1997 por Joshua Harris
Publicado originalmente por Multnomah Publishers, Inc.

Tradução
Maria Luiza C. Cisterna
Roberto C. B. Coutinho

Revisão
Flávia de Abreu Lamounier

Capa
Leandro Schuques

2ª edição – Julho de 2014
Reimpressão – Dezembro de 2014

Nenhuma parte deste livro pode ser reproduzida, arquivada ou transmitida por qualquer meio – eletrônico, mecânico, fotocópias, etc – sem a devida permissão dos editores, podendo ser usada apenas para citações breves.

Publicado com a devida autorização e com todos os direitos reservados pela EDITORA ATOS LTDA.

www.editoraatos.com.br

Para meus pais, Gregg e Sono Harris

Sumário

Prefácio 7
Introdução 9

Parte um: Adeus ao Namoro

1. Amor Inteligente 15
   Além daquilo que parece ser bom, de volta ao que realmente é

2. Os Sete Hábitos de um Namoro Altamente Defeituoso 27
   Reconhecendo as tendências negativas de um namoro

3. Uma Nova Atitude 43
   Cinco mudanças de atitude para ajudá-lo a evitar um namoro deficiente

Parte dois: O Âmago da Questão

4. Procurando a Definição de "Amor" no Dicionário de Deus 53
   Aprendendo a definição verdadeira de amor

5. A Coisa Certa no Tempo Errado é a Coisa Errada 71
   Como impedir que a impaciência lhe roube o presente de estar solteiro

6. A Direção da Pureza 85
   Como achar o caminho para a retidão

7. Um Passado Purificado: O Quarto 101
   Como Jesus pode redimir o seu passado

Parte três: Construindo um Novo Estilo de Vida

8. Passando a Limpo o que Ficou para Trás 109
   Quatro passos importantes para ajustar-se aos planos de Deus

9. Apenas Amigos no Mundo do 'Simplesmente Faça'.......... 119
   Chaves para cultivar relacionamentos com o sexo oposto fora do "terreno romântico"

10. Guarde Seu Coração... 131
    Como lutar contra os poluentes da luxúria, paixão e autopiedade

11. "Você não Namora? Está Doido?"................................ 147
    O que fazer quando as pessoas perguntarem por que você não entra no jogo do namoro

Parte Quatro: E Agora?

12. Aproveitando o Tempo... 161
    Tirando maior proveito da vida de solteiro

13. Prontos para a Parte Agradável mas não para o Sacrifício... 175
    Como ter uma visão bíblica e realista do casamento

14. O que Importa aos Cinqüenta Anos?............................... 187
    Qualidades e atitudes de caráter que mais importam num parceiro para a vida toda

15. Um Romance com Princípios 201
    Princípios que podem orientá-lo da amizade até o casamento

16. Algum Dia Terei uma História para Contar 221
    Escrevendo uma história de amor de que sentirei orgulho de contar

Notas 227

Obrigado... 231

Prefácio

Oi,

Tudo bem, eu sei o que você está pensando. – Eu vou pular estas primeiras páginas e chegar na parte que interessa. Bem, espere um momento. Não se apresse. Este prefácio é uma preparação para o que você vai ler. Na verdade, o livro é exatamente sobre isto: espera e preparação. As ideias que estão nestas páginas são um tanto revolucionárias. Estou muito contente deste livro estar nas suas mãos; ele poderá poupá-lo de muita agonia desnecessária. Ele tem o potencial de mudar o modo de pensar da nossa geração. A minha vida já foi afetada. Deixe-me explicar.

A muito tempo, eu tenho compartilhado da mesma opinião sobre namoro que o Josh (o escritor deste livro e amigo meu). Como alguém me disse recentemente – Por que sair para fazer compras se você não tem intenção de comprar nada? – Exatamente. Por que namorar se você ainda não pode se casar? Eu tenho dezenove anos de idade e, apesar de nunca ter namorado, eu pude, durante vários anos, observar alguns dos meus amigos neste jogo. E acreditem, é um jogo. E não parece ser divertido. Parece angustiante e doloroso. Isto é parte da razão por que ainda não namorei.

Além disso, sei que agora não é o tempo de Deus para mim. Eu me distrairia tendo um namorado. Me distrairia do trabalho que Deus quer que eu realize durante estes anos.

Tenho, também, a filosofia de que, na minha idade, grupos e amizades são muito mais divertidos que relacionamentos um a um.

Mas, a um tempo atrás, fiquei um pouco desanimada pelo fato de não sonhar com ninguém e nem ficar toda produzida por causa de um rapaz. Foi neste momento que li este livro e realmente senti Deus me encorajando através das palavras de Josh.

Eu acho que nunca li um livro em que o autor tenha sido tão honesto e verdadeiro como Josh o foi neste aqui. Ele lida com os temas difíceis e as questões árduas neste tópico confuso: "Namorar ou não namorar". E ele dá respostas práticas. Joshua Harris tem uma maneira poderosa de compartilhar a sua experiência. E como ele é da nossa idade (recém saído da adolescência), ele sabe do que está falando.

Uma das coisas que mais gosto a respeito dos escritos do Josh é que ele traz tudo para a Bíblia e como podemos viver o que Ela diz. Tendo convivido com Josh nos últimos anos, com certeza eu posso afirmar que "ele vive o que diz".

Então se prepare para ser desafiado e encorajado, e que o seu ponto de vista seja seriamente questionado!

Obrigado por ter ficado comigo e... aproveite.

Fique firme!
- Rebecca St. James

Introdução

Ler um livro é muito parecido com um namoro. Obviamente, a analogia não é perfeita (você nunca levaria um livro para um cineminha), mas quando você lê um livro, muito tempo é gasto sozinho. Você o segura, olha bem na cara dele e dá a sua atenção concentrada. Como em um namoro, ler um livro pode levá-lo à vales e picos de experiência emocional – ele pode fazê-lo rir ou até deixá-lo com raiva.

Espero que você não seja do tipo que "ama e abandona", que lê um livro até o terceiro capítulo e depois o larga. Se este for o seu caso, provavelmente você não aproveitará muito deste livro. Assim como em um relacionamento sério, ler este livro requer um certo nível de compromisso – um compromisso de pensar seriamente e lutar com ideias que irão desafiá-lo a mudar a sua visão atual sobre namoro.

Muitas pessoas sábias dizem que a honestidade é a melhor política em qualquer relacionamento. Então antes que você "assuma um compromisso" com este livro, você deve entender uma coisa. Este livro não é como outros sobre namoro. A maioria destes livros explicam como consertar um namoro para que funcione com você. Este livro explica como "terminar" com o namoro para que a sua vida funcione para Deus. Adeus ao Namoro fala das razões e maneiras de deixar para trás o modo de namorar do mundo.

Ainda quer sair para um passeio?

O QUE EU NÃO VOU DIZER

Talvez você esteja se sentindo um pouco nervoso. Dar adeus ao namoro? Por que alguém escolheria não namorar? Como alguém vai se casar se não namorar? E as amizades? Cara, caia na real!

Eu entendo a sua hesitação e iremos discutir tudo isso mais adiante no livro. Mas antes de prosseguir, quero declarar claramente o que eu *não* vou dizer sobre namoro. Não quero que você gaste tempo se preocupando com o que eu estaria insinuando. Se você fizer isso, estará perdendo os pontos e princípios positivos que desejo apresentar.

Sei que isso pode ocorrer, pois eu mesmo já agi assim. Quando tinha dezesseis anos de idade e estava no meio de um relacionamento que durou dois anos, minha mãe me deu um exemplar do livro *Passion & Purity* (Paixão & Pureza) de Elisabeth Elliot. Imediatamente fiquei desconfiado. Por quê? Em primeiro lugar, por ter sido a minha mãe que me deu o livro. Me dar um livro é o modo, não tão sutil, da minha mãe de me dizer que estou com um problema. Além disso, fiquei preocupado com as implicações do subtítulo, que dizia: "Colocando a sua vida romântica sob a autoridade de Deus". Tinha certeza que o livro diria que eu não podia beijar a minha namorada (algo que considerava muito vital para a manutenção da minha felicidade naquela época). Então o que eu fiz? Eu decidi, antes mesmo de abrir o livro, que eu discordaria de tudo que o livro tinha a dizer. Como a minha mãe dizia, eu li toda a "paixão" e saltei toda a "pureza". Que erro eu fui cometer!

Há pouco tempo atrás eu li *Passion & Purity* novamente e compreendi que, se eu estivesse com a mente mais aberta naquela época, poderia ter tirado grande proveito da sua mensagem em meio aos meus relacionamentos de namoro no colégio. Por que ela parecia tão irrelevante? Por que não aprendi nada naquele momento? Porque eu tinha decidido, desde o começo, que eu não prestaria atenção nela.

Espero que você não cometa o mesmo erro com este livro. Se puder manter-se aberto à mensagem deste livro, pode ser exatamente isso o que você precisa ouvir neste momento. Para ajudá-lo a sair da defensiva, farei declarações que afastarão dois dos temores mais comuns nas pessoas quando eu falo sobre dizer adeus ao namoro típico.

Introdução

1. *Eu não acredito que namorar seja pecado.* Algumas pessoas têm pecado em consequência de um namoro, mas não acho que se possa dizer que namorar seja uma atividade pecaminosa. Vejo o namoro com a mesma perspectiva de uma lanchonete *fast-food* – não é errado comer ali, mas há opções muito melhores. Como veremos mais adiante, Deus deseja que busquemos o melhor em tudo, incluindo os nossos relacionamentos românticos. Como cristãos, somos frequentemente culpados de seguirmos o modelo de relacionamento do mundo e perdermos o melhor de Deus.

2. *Rejeitar o modo típico de namoro não significa que você nunca irá gastar tempo sozinho com um garoto ou garota.* Há uma diferença entre o ato de sair com alguém e o namoro como um modo de pensar e abordar relacionamentos românticos. Se namoro fosse simplesmente um garoto e uma garota saindo para tomar um refrigerante, não precisaríamos gastar todo um livro para falar sobre o assunto, não é mesmo? Mas namorar é mais do que isso. É um estilo de vida que envolve as nossas atitudes e valores. E eu quero encorajá-los a reexaminarem estes padrões de pensamento e modo de agir.

Eu *não* direi que nunca se deve gastar tempo sozinho com alguém. No tempo adequado em um relacionamento, se as motivações forem claras e as circunstâncias evitarem as tentações, sair com alguém pode ser saudável.

NA VERDADE, O NAMORO NÃO É O PONTO CRUCIAL

Após explicar o que eu *não* direi neste livro, deixe-me apresentar o que *vou* dizer. Em resumo, o namoro não é o ponto crucial.

Mas, você perguntará, este livro não é sobre namoro? Compreendo a pergunta. Afinal de contas (estendendo a analogia entre ler um livro e namorar), este livro pode ter atraído você por inúmeras razões – listarei quatro:

1. Você acabou de sair de um relacionamento ruim, e você não quer se machucar novamente. Não namorar parece ser uma boa ideia.

2. Você não se sente confortável com a ideia de namoro, e está procurando por outras opções:
Não existe a palavra "alternativas" – alternativa é somente uma única, segundo o Aurélio.
3. Você está em um relacionamento que caminha na direção errada. Você está buscando uma maneira de manter este relacionamento dentro dos limites de Deus.
4. Você tem um namoro excelente e está curioso por que alguém escolheria não namorar.

Será que pessoas com perspectivas tão diferentes poderiam se beneficiar da leitura do mesmo livro? Eu acredito que sim. Por quê? Apesar de terem experiências diferentes com o namoro, eles têm o mesmo Criador. E a vontade e o plano de Deus para a nossa vida são o foco real deste livro. O nosso maior objetivo não é definir se cristãos devem ou não namorar, e em caso afirmativo, como deveria ser este namoro. Ao invés disso, à medida em que for lendo, espero que você observe os aspectos de sua vida afetados pelo namoro – o modo como você trata os outros, como você se prepara para o futuro parceiro, a sua pureza pessoal – e se esforce para colocar estas áreas alinhadas com a Palavra de Deus.

Mesmo que, de certa forma, este livro seja sobre namoro, na verdade namoro não é o ponto crucial. O ponto mais importante é o que Deus deseja. Discutir se deve ou como se deve namorar não é um fim em si mesmo. Falar sobre isso apenas tem sentido quando vemos a relação do namoro com o plano maior de Deus para a nossa vida.

Você pode concordar ou não com algumas das coisas que escrevi. Mas se continuar acompanhando a minha exposição e se ao menos tiver maior discernimento espiritual ao final da leitura do livro, terei alcançado os objetivos da minha missão, e a sua vida terá sido edificada. Espero que as ideias compartilhadas aqui o levem para um pouco mais perto da vontade de Deus para a sua vida.

Parte Um

Eu disse Adeus ao namoro

Capítulo Um

Amor inteligente

ALÉM DAQUILO QUE PARECE SER BOM, DE VOLTA AO QUE REALMENTE É.

Finalmente chegou – o dia do casamento da Anna, o dia que ela tinha sonhado e planejado por meses. A capela pequena e pitoresca estava repleta de amigos e familiares. Raios de sol penetravam pelos vitrais coloridos das janelas, e a música suave de um quarteto de cordas enchia o ambiente. Anna caminhava pela passarela em direção ao David. A alegria tomou conta. Este era o momento que ela tinha aguardado tanto. Ele segurou a sua mão carinhosamente, e se viraram para o altar.

Mas no momento em que o celebrante começou a conduzir Anna e David nos votos matrimoniais, aconteceu o impensável. Uma garota se levantou no meio da congregação, caminhou em silêncio para o altar e tomou a outra mão do David. Uma outra garota se aproximou e ficou ao lado da primeira, e depois outra também fez o mesmo. Logo, uma corrente de seis garotas estavam ao seu lado enquanto ele fazia o voto para Anna.

Anna sentiu um tremor nos lábios enquanto as lágrimas enchiam os olhos.

– Isso é algum tipo de piada? – ela sussurrou ao David.
– Me... me perdoe, Anna. – ele disse, olhando para o chão.
– Quem são estas meninas, David? O que está acontecendo? – ela perdeu o fôlego.
– São garotas do meu passado. Ele respondeu com tristeza. – Anna, elas não significam nada para mim hoje... mas eu dei uma parte do meu coração para cada uma delas.

– Pensei que o seu coração fosse meu. Disse ela.
– E é mesmo, é mesmo. Ele implorou. – Tudo o que sobrou é seu.
Uma lágrima correu pela face de Anna. Então ela acordou.

Traição

Anna me contou o seu sonho em uma carta. "Quando acordei me senti tão traída", ela escreveu. "Mas logo fui atingida por um pensamento deprimente: Quantos homens se alinhariam ao *meu* lado no dia do meu casamento? Quantas vezes dei o meu coração em relacionamentos de curta duração? Será que vai sobrar alguma coisa para dar ao meu marido?"

Frequentemente penso no sonho da Anna. Esta imagem desagradável me persegue. Existem garotas no meu passado, também. E se elas resolvessem aparecer no dia do meu casamento? O que elas diriam na fila dos cumprimentos?

– Oi, Joshua. Você fez umas promessas muito bonitas lá no altar. Espero que você cumpra melhor as promessas hoje do que quando eu te conheci.

– Nossa, como você está elegante neste fraque. E que noiva bonita. Você já contou a ela sobre mim? Você já disse para ela todas aquelas coisas lindas que sussurrava no *meu* ouvido?

Têm alguns relacionamentos que só me trazem desgosto quando penso neles. Eu me esforço para esquecê-los. Eu tento diminuí-los como se fossem apenas parte do jogo do amor que todo mundo joga. Sei que Deus me perdoou, pois já pedi a Ele. Sei que as várias garotas me perdoaram, pois também pedi a elas.

Mas ainda sinto a dor de ter dado o meu coração para mais garotas do que devia no meu passado.

É Assim Mesmo

Ao crescer, considerei que namorar era uma parte essencial da experiência da adolescência. Se eu não estava namorando uma menina, eu estava apaixonado por uma.

Isso começou nos últimos anos do ensino fundamental quando eu e os meus colegas considerávamos o namoro como um jogo, uma oportunidade de se divertir no amor e experimentar relacionamentos. Ter uma namorada não queria dizer muito mais do que estar saindo juntos. Nada demais. Eu e meus colegas namorávamos com as garotas e terminávamos com uma velocidade impressionante. A única preocupação era que a garota terminasse o relacionamento – nenhum dos garotos queria isso, era a gente que devia ter o privilégio. Uma garota que conheci tinha a rotina mais rápida de término de namoro. Quando ela estava pronta, ela simplesmente dizia: "Garoto, você sobrou!"

Mas logo, apenas dizer que você estava saindo com alguém não era suficiente. Ao invés disso, começamos a experimentar o lado físico do relacionamento. Sair com alguém passou a significar que havia alguma intimidade física, também. Eu me lembro de estar ao lado de uma garota que eu gostava, quando ela ligou para o seu namorado e terminou com ele pelo telefone. Assim que desligou, ela me beijou. Isso representava que agora éramos um casal "comprometido". Ao olhar para trás, fico chateado de ver como éramos imaturos. A intimidade do namoro nesta idade não tinha nada a ver com amor ou afeição verdadeira. Era apenas imitação do que os garotos mais velhos faziam e o que a gente via nos filmes. Parecia coisa de adulto, mas na verdade era lascívia.

Felizmente esta fase não durou para sempre. No ensino médio, levei a sério a minha vida com Deus e me tornei ativamente envolvido no grupo de jovens e adolescentes da igreja. Coloquei um adesivo que dizia: "Vale a pena esperar por mim" na minha Bíblia NVI para Estudantes, e prometi me manter virgem até o casamento. Lamentavelmente, o grupo de adolescentes e jovens fizeram pouco para aprimorar as minhas noções imaturas sobre relacionamentos. Até na igreja o jogo do namoro era jogado com paixão – mais paixão, tenho que admitir, que dedicávamos à adoração ou à ouvir as pregações. Durante os cultos de domingo de manhã trocava-se bilhetes sobre quem gostava de quem, quem estava saindo com quem e quem tinha terminado com quem. As reuniões dos jovens na quarta-feira à noite servia para podermos jogar o nosso próprio "Namoro na TV", um jogo que terminava com corações quebrados espalhados pelo salão da igreja.

No 2º ano do ensino médio, meu envolvimento no jogo do namoro passou a ser mais sério. Naquele verão eu conheci a Kelly. Ela era linda, loira e uns cinco centímetros mais alta que eu. Isso não me incomodava. Todos sabiam quem era a Kelly, e todos os garotos gostavam dela. Como eu era o único do grupo de jovens que tinha coragem de conversar com ela, ela ficou gostando de mim. Eu pedi para namorar com ela no retiro de esqui aquático do grupo de jovens.

Kelly foi a minha primeira namorada de verdade. Todos no grupo nos consideravam como um casal. Nós comemorávamos o nosso "aniversário" todo mês. E Kelly me conhecia mais do que qualquer outra pessoa. Depois que meus pais iam dormir, eu e a Kelly gastávamos horas no telefone, muitas vezes até tarde da noite, conversando sobre tudo e nada ao mesmo tempo. Pensávamos que Deus tinha feito um para o outro. Falávamos sobre nos casarmos algum dia. Prometi que eu a amaria para sempre.

Mas, como na maioria dos relacionamentos da época de colégio, o nosso romance foi prematuro – intenso demais, cedo demais. Começamos a ter lutas na área física do nosso relacionamento. Sabíamos que não poderíamos estar tão próximos fisicamente quanto estávamos emocionalmente. Como resultado, experimentamos uma tensão contínua, e ficamos desgastados. Com o passar do tempo, as coisas ficaram "azedas".

– Nós temos que terminar o nosso namoro. – disse a ela uma noite após o cinema. Nós dois sabíamos que isso estava para acontecer.

– Será que teremos alguma chance no futuro? – ela perguntou.

— Não. Disse eu tentando apresentar um tom decidido na minha voz. — Não, está acabado. Nós terminamos dois anos depois que nos conhecemos. Não foi um "para sempre" como eu tinha prometido.

ALGO MELHOR

Eu tinha dezessete anos de idade quando meu relacionamento com a Kelly terminou. Meus sonhos de romance acabaram em amargura, remorso e no abrir mão de valores pessoais. Eu saí do namoro me perguntando: Será que tem que ser assim? Me senti desanimado, confuso e desesperado por uma alternativa para o ciclo de relacionamentos de curto prazo em que me encontrava.

— Deus! — Eu clamei — Eu quero o melhor para a minha vida! Me dê algo melhor do que isso.

Deus respondeu àquele pedido, mas não da maneira que eu esperava. Pensava que ele me daria a namorada ideal ou removeria totalmente o desejo por um romance. Ao invés disso, Ele revelou através da Sua Palavra o que significava submeter minha vida amorosa à Sua Vontade — algo que nunca havia feito de verdade. Queria o melhor de Deus mas não estava disposto a jogar conforme às Suas regras.

No decorrer destes últimos quatro anos, compreendi que o senhorio de Deus não apenas ajeita a minha abordagem de romance — ele a transforma completamente. Deus não apenas deseja que as minhas ações sejam diferentes, mas que eu pense diferente — que eu veja da Sua perspectiva o amor, a pureza e o estar solteiro e tenha novos modos de vida e atitudes.

A base desta nova atitude é o que chamo de "amor inteligente". Paulo descreve este tipo de amor em Filipenses 1:9-10:

> Esta é a minha oração: que o amor de vocês aumente cada vez mais em conhecimento e em toda a percepção, para discernirem o que é melhor, a fim de serem puros e irrepreensíveis até o dia de Cristo.

O amor inteligente cresce e se aprofunda constantemente no conhecimento prático e no discernimento: ele abre os nossos olhos para ver o melhor que Deus tem para a nossa vida, nos capacitando a sermos puros e irrepreensíveis diante Dele.

SENTIMENTALISMO EXAGERADO

A paráfrase bíblica do *The Message* diz assim em Filipenses 1:9-10: "Aprenda a amar apropriadamente. Você precisa usar a cabeça e testar os seus sentimentos para que o seu amor seja sincero e inteligente, não um sentimentalismo exagerado".

Você já cometeu o erro do "sentimentalismo exagerado", permitindo que as suas emoções ditassem o curso do seu namoro? Muitas pessoas fazem isso. Ao invés de agirem baseados naquilo que sabem que é certo, os casais deixam que os seus sentimentos os conduzam.

Eu mesmo já tive a minha parcela de sentimentalismo exagerado. Enquanto estava namorando, fiz várias decisões baseadas na superficialidade e ignorância. Eu podia dizer para uma garota "eu te amo" com muita facilidade, fingindo uma afeição abnegada, mas na verdade, o egoísmo e a falta de sinceridade eram as minhas motivações. Eu estava primordialmente interessado naquilo que poderia ganhar, como a popularidade que uma namorada poderia me dar ou o conforto e prazer que eu teria fisicamente ou emocionalmente em um relacionamento. Eu não praticava o amor inteligente. Eu vivi o "amor estúpido" – escolhendo o que me fazia *sentir* bem ao invés do que *era* bom para os outros e agradava a Deus.

Para verdadeiramente amar alguém com o amor inteligente, nós precisamos usar a nossa mente assim como o coração. Como Paulo o descreve, o amor é abundante em conhecimento e discernimento. "Conhecer" algo é compreender ou conseguir entender com nitidez e certeza. "Discernimento" é um entendimento da verdadeira natureza de algo, a habilidade de enxergar a motivação por trás dos pensamentos e ações.

Com esta definição em mente, deixe-me fazer-lhe algumas perguntas. Será que o amor é a motivação de um rapaz que dorme com uma garota quando ele sabe que isso irá marcá-la emocionalmente e estragar o relacionamento dela com Deus? Será que é a sinceridade que leva uma garota a estar com um rapaz e depois termina com ele quando acha alguém melhor? Não! Ambos os casos demonstram motivações egoístas. Eles precisam "ficar espertos" e se darem conta de como as suas ações afetam os outros.

Nos últimos anos, eu me esforço para permitir que o amor sincero e inteligente me guie, e ao fazer isso, tenho chegado a algumas conclusões bem intensas para a minha vida. Eu compreendi que eu não tenho o direito de pedir o coração e a afeição de uma garota se eu não estiver pronto para um compromisso por toda a vida. Até que possa fazê-lo, eu apenas estaria usando aquela mulher para atender às minhas necessidades imediatas e não procurando abençoá-la a longo prazo. Será que eu gostaria de ter uma namorada neste momento? É óbvio! Mas com o que tenho aprendido ao buscar a vontade de Deus para a minha vida, eu sei que um namoro agora não seria o melhor para mim nem para a garota com quem eu iria namorar. Desta forma, ao evitar um romance antes que Deus me diga que estou pronto para tal, eu posso ser mais útil para as garotas como um amigo, e permaneço livre para manter o foco no Senhor.

RECONHECENDO O MELHOR

Esperar até que esteja pronto para um compromisso antes de correr atrás de romance é apenas um exemplo do amor inteligente em ação. Quando o nosso amor cresce em conhecimento podemos com maior facilidade "discernir o que é o melhor" para a nossa vida. Todos nós precisamos desesperadamente deste discernimento, não é mesmo?

Afinal de contas, quando entramos em um relacionamento do tipo rapaz-garota, enfrentamos algumas questões bem cinzentas. Não me entendam mal – eu acredito em absolutos. Mas no namoro, não fazemos escolhas inteligentes apenas entre um certo absoluto e um errado absoluto. Temos que avaliar também todas as partes do nosso namoro para assegurar que não iremos longe demais, permitindo que sejamos levados a algo que deveríamos evitar.

Por exemplo, digamos que alguém na escola pede para sair com você. Como você busca orientação sobre o tipo de pessoa com quem você poderia sair? Tente procurar a palavra "namoro" na sua concordância bíblica. Você não irá longe. Ou talvez você tenha saído algumas vezes com alguém e se beijaram pela primeira vez. Foi emocionante. Você sente que está amando. Mas será que está certo?

Como achar as respostas para estas questões? É aqui onde entra o amor inteligente. Deus deseja que busquemos orientação nas verdades das Escrituras; não nos sentimentos. O amor inteligente enxerga além dos desejos pessoais e o prazer do momento. Ele olha para o quadro maior: servir aos outros e glorificar a Deus.

"E eu?" você pode estar se perguntando: "E as minhas necessidades?" Esta é a parte mais incrível: Quando fazemos com que a glória de Deus e as necessidades das outras pessoas sejam as nossas prioridades, nos colocamos em posição de receber o melhor de Deus na nossa vida. Deixe-me explicar.

No passado, o ponto de partida dos meus relacionamentos era o que eu queria ao invés daquilo que Deus queria. Eu via as minhas necessidades e encaixava os outros na minha agenda. Será que me senti realizado, satisfeito? Não, somente encontrei desilusão e comprometimento dos meus valores. Não apenas machuquei os outros, como também a mim mesmo e o mais grave, pequei contra Deus.

Mas quando eu mudei a minha atitude e coloquei como prioridade nos relacionamentos agradar a Deus e abençoar os outros, descobri verdadeira paz e alegria. O amor inteligente libera o melhor de Deus para a nossa vida. Quando parei de ver as garotas como namoradas em potencial e passei a tratá-las como irmãs em Cristo, descobri a riqueza da verdadeira amizade. Quando parei de me preocupar com quem iria me casar e comecei a confiar no tempo de Deus, desvendei o incrível potencial de servir a Deus como solteiro. E quando parei de flertar com a tentação em um namoro e comecei a perseguir a retidão, eu desvendei a paz e o poder que são frutos da pureza. Eu disse adeus ao namoro pois descobri que Deus tem algo melhor no seu estoque.

Puro e Irrepreensível

A vantagem final de se buscar o amor inteligente é a pureza e a irrepreensibilidade diante de Deus. Esta pureza vai além da pureza sexual. Mesmo que a pureza física seja muito importante, Deus também quer que busquemos a pureza e a irrepreensibilidade na nossa motivação, na nossa mente e nas nossas emoções.

Isso significa que nunca cometeremos erros? É claro que não! Nós só podemos nos colocar diante de Deus por causa da Sua graça e do sacrifício do Seu Filho, Jesus. Mas mesmo assim, esta graça não nos dá permissão para sermos relapsos na nossa busca de retidão. Ao invés disso, ela deve nos incitar a desejar ainda mais a pureza e a irrepreensibilidade.

Ben começou a namorar a Alyssa no seu último ano de faculdade. Durante um bom tempo, ele tinha planejado se casar no verão após a sua formatura. Como ele e Alyssa estavam profundamente atraídos um pelo outro, ele pensou que ela era "a escolhida".

Em uma carta, Ben me contou como crescera com padrões de namoro muito elevados. Alyssa era uma outra história. Enquanto Ben nunca tinha nem beijado uma garota, para ela o beijo era praticamente um esporte. Infelizmente, os valores de Alyssa saíram vitoriosos. "Quando ela me olhou com aqueles grandes olhos castanhos como se eu estivesse privando-a de algo, eu pulei de ponta", escreveu Ben. O relacionamento deles passou a ser basicamente físico. Eles mantiveram a virgindade, mas apenas no aspecto técnico do termo.

Alguns meses mais tarde, Alyssa começou a ter aulas de Química com um cara cristão que o Ben não conhecia. "Isto foi um erro" Ben escreveu irado. "Eles estavam estudando química – mas era a química do corpo!" Alyssa terminou com o Ben e no dia seguinte estava nos braços do seu novo namorado.

"Fiquei arrasado" disse Ben. "Eu havia quebrado meus próprios padrões, e mais importante, os padrões de Deus, e acabou não sendo a mulher com quem eu iria me casar." Por alguns meses Ben lutou com o sentimento de culpa, mas finalmente colocou a questão aos pés da cruz e seguiu em frente, determinado a não cometer o mesmo erro novamente. Mas, e a Alyssa? Sim, Deus pode perdoá-la, também. Mas eu me pergunto se ela ao menos entendeu que precisa de perdão. Quando ela passa pelo Ben nos corredores da escola ou o vê na lanchonete, o que será que passa em sua mente? Será que ela enxerga que foi co-responsável no comprometimento da pureza dele? Será que ela sente o peso da culpa por ter machucado o coração dele? Será que ela se importa?

Eu compartilhei com você como Deus mudou a minha perspectiva sobre o namoro. Descrevi como eu decidi viver a minha vida e interagir com mulheres até que Deus me mostre que estou pronto para o casamento. Mas por que escrever um livro sobre esta perspectiva? O que levaria alguém a querer ouvir o que eu tenho a dizer? É porque eu acho que Deus gostaria de desafiá-lo também.

Acredito que chegou a hora dos cristãos, homens e mulheres, reconhecerem a confusão que deixamos no rastro de nossa busca egoísta por relacionamentos de curto prazo. O namoro pode parecer um jogo inocente, mas como eu o vejo, estamos pecando um contra o outro. Que desculpas poderemos apresentar quando Deus nos pedir contas pelas nossas ações e atitudes nos relacionamentos? Se Deus vê um pardal caindo (Mateus 10:29), você acha que haveria alguma possibilidade d'Ele ignorar os corações quebrados e emoções feridas que causamos nos relacionamentos baseados em egoísmo? Todos ao nosso redor podem estar participando do jogo do namoro. Mas no final da nossa vida não teremos de responder a todo mundo. Nós responderemos a Deus. Ninguém no meu grupo de jovens sabia como eu comprometia os meus valores nos meus relacionamentos. Eu era um líder e era considerado um bom rapaz. Mas Cristo diz: "Não há nada escondido que não venha a ser descoberto, ou oculto que não venha a ser conhecido" (Lc 12:2).

Os nossos relacionamentos não passarão desapercebidos de Deus. Mas aqui está a boa notícia: O Deus que vê todos os nossos pecados está também pronto para perdoar todos os nossos pecados se nos arrependermos e nos afastarmos deles. Ele chama isso de uma nova vida. Eu sei que Deus perdoou os pecados que cometi contra Ele e contra as namoradas que eu tive. Também sei que Ele quer que eu gaste o resto da minha vida vivendo um estilo de vida com o amor inteligente. A graça que Ele demonstrou me motiva a fazer com que pureza e irrepreensibilidade sejam a minha paixão.

Eu estou compromissado a praticar o amor inteligente e o convido a juntar-se a mim. Façamos com que a pureza e a irrepreensibilidade sejam a nossa prioridade diante do nosso onisciente Deus, que a tudo vê.

Capítulo Dois

Os sete hábitos de um namoro altamente defeituoso

Reconhecendo as tendências negativas de um namoro

Quando eu era menino, minha mãe me ensinou duas regras para fazer compras de frutas e legumes. Primeiro, nunca faça as compras quando estiver com fome – tudo parecerá gostoso e você gastará muito dinheiro. E segundo, certifique-se de pegar um bom carrinho de supermercado.

Eu sempre obedeço à primeira regra, mas não tenho tido muito sucesso com a segunda. Parece que tenho uma atração por carrinhos problemáticos que fazem barulhos estranhos ou tem rodinhas que rangem dando gastura nos nervos, igual a uma unha raspando no quadro-negro.

De longe o pior carrinho que você pode pegar é aquele que está desalinhado. Você já tentou lidar com um destes? Este tipo de carrinho tem uma mente própria. Você quer ir em linha reta, mas o carro quer se desviar para a esquerda e derrubar a pilha de latas de ração para gatos. (E, para o nosso desânimo e vergonha, muitas vezes ele é bem sucedido!) O cliente que escolhe um carrinho desalinhado não tem sossego. Cada manobra, desde virar para o corredor dos cereais até rodar ao longo da seção das carnes, se torna uma verdadeira batalha – a vontade do cliente contra a do carrinho.

Por que estou falando de carrinhos de supermercado quando este livro é sobre namoro? Bem, eu me lembro do meu azar com os carrinhos pois muitas vezes eu experimentei semelhantes "batalhas entre vontades" no namoro. Não estou falando dos conflitos entre eu e as garotas que namorei. Eu quero dizer que lutei com todo o processo. E baseado na minha experiência e na minha pesquisa na Palavra de Deus, concluí que para os cristãos o namoro é um carrinho do tipo "desalinhado" – um conjunto de valores e atitudes que querem ir em uma direção diferente daquele que Deus tem mapeado para nós. Deixe-me explicar o porquê.

Domínio Próprio não é Suficiente

Uma vez ouvi um líder de jovens falar sobre amor e sexo. Ele contou uma história de cortar o coração a respeito de Eric e Jenny, dois cristãos firmes que tinham participado ativamente no seu grupo de jovens anos antes. O namoro de Eric e Jenny começou inocentemente – sextas à noite no cinema e rodadas de mini-golf. Mas com o passar do tempo, o relacionamento físico vagarosamente começou a acelerar, e acabaram dormindo juntos. Logo depois eles terminaram, desanimados e machucados.

O pastor que contava a história encontrou com eles, alguns anos mais tarde, num reencontro de ex-alunos do colégio. Jenny havia se casado e tinha um filho. Eric ainda estava solteiro. Mas ambos vieram a ele separadamente e expressaram traumas emocionais e sentimentos de culpa por causa das memórias do passado.

"Quando o encontro, eu me lembro de tudo tão claramente." Jenny exclamou.

Eric expressou sentimentos similares. "Quando a vejo, a dor aparece novamente." Ele contou ao seu antigo pastor. "As feridas ainda não sararam."

Quando aquele líder terminou a sua história, daria para ouvir até um alfinete caindo no chão. Todos ficamos esperando por uma solução. Nós conhecíamos a realidade da história que ele contou. Alguns de nós havíamos cometido o mesmo erro ou visto isso acontecer na vida de amigos. Queríamos algo melhor. Queríamos que o pastor nos dissesse o que deveríamos fazer. Mas ele não deu nenhuma opção naquela tarde. Evidentemente o pastor pensou que o único erro do casal foi o de ceder à tentação. Parecia que achava que Eric e Jenny deveriam ter tido mais respeito um pelo outro e mais domínio próprio. Apesar deste pastor ter encorajado um resultado diferente – guardar o sexo para o casamento – ele não ofereceu uma prática diferente. Será que esta é a resposta? Continue na mesma direção daqueles que caíram e torça para que no momento crítico você consiga manter o controle? Dar aos jovens este tipo de conselho é como dar um carrinho "desalinhado" e mandá-lo para uma loja repleta de louças de porcelana mais cara do mundo. Será que, apesar dos corredores apertados e das prateleiras de vidro expondo as delicadas louças, espera-se que esta pessoa passeie pela loja com um carrinho reconhecidamente incapaz de seguir o curso desejado? Acho que não.

Ainda assim é exatamente o que tentamos em muitos dos nossos relacionamentos. Vemos as tentativas frustradas ao nosso redor, mas nos recusamos a substituir este "carrinho" chamado namoro. Queremos permanecer no caminho retilíneo e estreito servindo a Deus, mas mantemos uma prática que normalmente nos leva na direção errada.

NAMORO DEFEITUOSO

O namoro tem problemas conjunturais, e se continuarmos a namorar conforme o sistema funciona hoje, certamente nos desviaremos criando confusão. Eric e Jenny provavelmente tinham boas intenções, mas basearam o seu relacionamento nas atitudes e padrões culturais defeituosos para o romance. Infelizmente, até na fase adulta continuam a colher as consequências.

Os "sete hábitos de um namoro altamente defeituoso", listados a seguir, são algumas dos "desvios" que os namoros costumam fazer. Talvez você possa se identificar com um ou dois destes hábitos (Eu sei que eu posso!).

1. *O namoro leva à intimidade, mas não necessariamente a um compromisso.*

Jamie era uma caloura no ensino médio; seu namorado, Troy, estava no último ano. Troy era tudo que a Jamie sonhou em um rapaz, e por oito meses eram inseparáveis. Mas dois meses antes do Troy partir para a faculdade, ele abruptamente anunciou que não queria mais ver a Jamie.

"Quando terminamos, foi definitivamente a coisa mais difícil que já aconteceu comigo" Jamie me contou depois. Mesmo que fisicamente não passaram de um beijo, Jamie tinha entregado o seu coração e as suas emoções completamente ao Troy. Ele tinha aproveitado a intimidade enquanto servia às suas necessidades, mas a rejeitou quando estava pronto para seguir adiante.

Esta história lhe parece familiar? Talvez você tenha ouvido algo semelhante de um amigo, ou talvez você mesmo tenha vivido isso. Como em muitos namoros, Jamie e Troy se tornaram íntimos com pouco, ou mesmo nenhum, pensamento sobre compromisso ou como seriam afetados quando terminassem. Podemos por a culpa no Troy por ter sido um canalha, mas façamos uma pergunta a nós mesmos. Qual é a ideia principal na maioria dos namoros? Geralmente o namoro estimula a intimidade pela própria intimidade – duas pessoas se aproximam sem nenhuma real intenção de um compromisso de longo prazo.

Intimidade que se aprofunda sem a definição de um nível de compromisso é nitidamente perigoso. É como escalar uma montanha com uma parceira sem saber se ela quer a responsabilidade de segurar a sua corda. Quando estiverem a seiscentos metros de altura em uma encosta, você não quer conversar sobre como ela se sente "presa" por causa do relacionamento.

Do mesmo modo, muitas pessoas experimentam mágoas profundas quando elas se abrem emocionalmente e fisicamente apenas para serem abandonadas por outros que declaram que não estão prontos para um "compromisso sério".

Um relacionamento íntimo é uma experiência linda que Deus deseja que experimentemos. Mas ele fez com que a realização advinda da intimidade fosse um subproduto do amor baseado no compromisso. Você poderá dizer que a intimidade entre um homem e uma mulher é a cobertura do bolo de um relacionamento que se encaminha para o casamento. Se olharmos para a intimidade desta forma, então na maioria dos namoros só tem a cobertura. Normalmente falta a eles um propósito ou um alvo bem definido. Na maioria dos casos, especialmente no colégio, o namoro é de curta duração, atendendo às necessidades do momento. As pessoas namoram pois querem aproveitar os benefícios emocionais e até físicos da intimidade sem a responsabilidade de um compromisso real.

Na verdade, isso é a essência da revolução original do namoro. O namoro não existia antigamente. Como eu o vejo, o namoro é um produto da nossa cultura direcionada à diversão e totalmente descartável. Muito antes da revista *Seventeen*[1] (Dezessete) dar dicas sobre namoro, as pessoas faziam as coisas de modo muito diferente.

Na virada do século vinte, um rapaz e uma garota apenas se envolviam romanticamente quando planejavam se casar. Se um rapaz frequentasse a casa de uma garota, a família e os amigos deduziam que ele tinha a intenção de pedir a sua mão. Mas as variações de atitude na cultura e a chegada do automóvel trouxeram mudanças radicais. As novas "regras" permitiam às pessoas entregarem-se a todas as emoções do amor romântico sem nenhuma intenção de casamento. A escritora Beth Bailey documentou estas mudanças em um livro cujo título, *From Front Porch to Backseat* (Do Alpendre ao Banco de Trás), diz tudo sobre

---

1   A revista Seventeen é direcionada ao público adolescente abordando temas como sexo e relacionamentos semelhante às revistas Querida, Capricho, etc.

a diferença na atitude da sociedade quando o namoro passou a ser a norma. Amor e romance passaram a ser aproveitados pelas pessoas apenas pelo seu valor de entretenimento.

Apesar de muita coisa ter mudado desde os anos 20, a tendência dos namoros em caminhar na direção de uma maior intimidade sem compromisso permanece praticamente a mesma.

Para o cristão este desvio negativo está na raiz dos problemas do namoro. A intimidade sem compromisso desperta desejos – emocionais e físicos – que nenhum dos dois pode satisfazer se agirem corretamente. Em 1 Tessalonicenses 4:6 a Bíblia chama isso de "defraudar", em outras palavras, roubar alguém ao criar expectativas mas não satisfazendo o que foi prometido. O Pr. Stephen Olford descreve defraudar como "despertando uma fome que não podemos satisfazer justamente" – prometendo algo que não podemos ou não iremos cumprir.

Intimidade sem compromisso, semelhante à cobertura sem o bolo, pode ser gostoso, mas no final passamos mal.

2. *O namoro tende a pular a fase da "amizade" de um relacionamento.*

Jack conheceu Libby em um retiro do colégio promovido por uma igreja. Libby era uma garota amigável com uma reputação de levar a sério o seu relacionamento com Deus. Jack e Libby começaram a conversar durante um jogo de vôlei e parecia que gostaram um do outro. Jack não estava interessado em um relacionamento intenso, mas queria conhecer melhor a Libby. Dois dias depois do retiro ele ligou e convidou-a para um cinema no final-de-semana seguinte. Ela aceitou.

Será que Jack deu o passo certo? Bem, acertou no que se refere a conseguir um programa, mas se ele realmente quisesse construir uma amizade, errou feio. Um programa a dois tem a tendência de levar um rapaz e uma garota além da amizade e na direção do romance muito rapidamente.

Você já ouviu alguém preocupado a respeito de sair sozinho com uma amiga de longa data? Se já, provavelmente ouviu esta pessoa dizer algo assim: "Ele me pediu para sair, mas eu temo que se começarmos a namorar isso mudará a nossa amizade". O que ela está realmente dizendo? Pessoas que fazem declarações como esta, estando cientes disso ou não, reconhecem que o "programa" estimula expectativas românticas. Em uma amizade verdadeira você não se sente pressionado sabendo que gosta da outra pessoa, ou que ela gosta de você. Você se sente livre para ser você mesmo e fazer as coisas juntos sem gastar três horas na frente do espelho, assegurando-se de que você esteja perfeita.

C.S. Lewis descreve a amizade como sendo duas pessoas andando lado a lado em direção a um objetivo comum. Os seus interesses mútuos os aproximam. Jack pulou esta fase de "coisas em comum" ao convidá-la para um programa típico, um jantar e depois um cinema, sem preocupações filosóficas, onde o fato de serem "um casal" era o foco principal.

No namoro, a atração romântica geralmente é a base do relacionamento. A premissa do namoro é: "Eu estou atraído por você; então vamos nos conhecer melhor". A premissa da amizade, por outro lado, é: "Nós estamos interessados nas mesmas coisas; vamos curtir estes interesses comuns juntos". Se após o desenvolvimento de uma amizade, a atração romântica aparece, então é um ponto a mais.

Ter intimidade sem compromisso é defraudar. Intimidade sem amizade é superficial. Um relacionamento baseado somente na atração física e nos sentimentos românticos apenas durará enquanto durarem os sentimentos.

3. O namoro geralmente confunde relacionamento físico com amor.

Dave e Heidi não tinham planejado se envolverem fisicamente na primeira vez que saíram juntos. De verdade. Dave não fica "só pensando nisso" e a Heidi não é "aquele tipo de garota". Aconteceu. Eles foram a um show juntos e depois assistiram a um filme de vídeo na casa da Heidi. Durante o filme, Heidi fez uma gozação a respeito da *tentativa* dele de dançar durante o show. Ele começou a fazer cócegas nela. A luta de brincadeirinha de repente parou quando eles se viram encarando um ao outro nos olhos, com Dave inclinado sobre ela no chão da sala de estar. Eles se beijaram. Parecia algo de cinema. Parecia tão correto!

Pode ter parecido certo, mas a introdução precoce de uma afeição física no relacionamento acrescentou confusão. Dave e Heidi não se conheciam de verdade, mas de repente se sentiam próximos. À medida que o relacionamento progredia, eles achavam difícil manter a objetividade. Quando tentavam avaliar as qualidades do relacionamento, eles imediatamente visualizavam a intimidade e a paixão do seu relacionamento físico. "É tão óbvio que nós nos amamos" pensou Heidi. Mas será que era verdade? Só porque lábios se encontraram não quer dizer que corações se uniram. E só porque dois corpos são atraídos um ao outro não quer dizer que as duas pessoas foram feitas uma para a outra. O relacionamento físico não é igual a amor.

Quando consideramos que a nossa cultura como um todo entende as palavras "amor" e "sexo" como sinônimas, não deveríamos ficar surpresos que muitos relacionamentos confundem atração física e intimidade sexual com verdadeiro amor. Lamentavelmente, muitos namoros cristãos refletem esta falsa noção.

Quando examinamos o progresso da maioria dos relacionamentos, nós podemos ver claramente como o namoro promove esta substituição. Primeiro, como já ressaltamos antes, o namoro nem sempre leva a compromissos duradouros por toda a vida. Por esta razão, muitos namoros começam com a atração física; a atitude que está por trás disso é que os valores mais importantes vêm da aparência física e da maneira como o parceiro se comporta. Mesmo antes que um beijo seja dado, o aspecto físico e sensual do relacionamento assumiu a prioridade.

Em seguida, o relacionamento normalmente caminha a passos largos na direção da intimidade. Pelo fato do namoro não requerer compromisso, as duas pessoas envolvidas permitem que as necessidades e paixões do momento ocupem o centro de palco. O casal não olha um para o outro como possíveis parceiros para toda a vida e nem avaliam as responsabilidades do casamento. Ao invés disso, eles concentram nas exigências do momento. E com esta disposição mental, o relacionamento físico do casal pode facilmente se tornar o foco.

E se um rapaz e uma garota pulam o estágio da amizade no relacionamento, a lascívia frequentemente se torna o interesse comum que atrai o casal. Como resultado, eles avaliam a seriedade do seu relacionamento pelo nível de envolvimento físico. Duas pessoas que namoram querem sentir que são especiais uma para a outra e elas podem expressar isso concretamente através da intimidade física. Elas começam a distinguir o seu "relacionamento especial" ao se darem as mãos, beijarem-se e o restante que se segue. Por esta razão, a maioria das pessoas acredita que sair com alguém implica em envolvimento físico.

Concentrar no físico é claramente pecaminoso. Deus exige pureza sexual. E Ele faz isso para o nosso próprio bem. Envolvimento físico pode distorcer a perspectiva de cada um dos namorados e levá-los a decisões erradas. Deus também sabe que levaremos as memórias de nosso envolvimento físico do passado para o casamento. Ele não quer que vivamos com culpa nem remorso.

O envolvimento físico pode fazer com que duas pessoas se sintam próximas. Mas se muitas pessoas que estão namorando examinassem o foco do seu relacionamento, eles provavelmente descobririam que a lascívia é o que têm em comum.

4. *O namoro geralmente isola o casal de outros relacionamentos vitais.*

Enquanto Garry e Jenny estavam namorando, eles não precisavam de mais ninguém. Como era para ficar com a Jenny,

Eu disse adeus ao namoro

Garry não teve problemas em deixar de frequentar o Estudo Bíblico de quarta à noite com a turma. Jenny nem pensou duas vezes sobre o fato de que mal falava com a irmã mais nova ou com a mãe agora que estava namorando o Garry. Também não se deu conta de que ao falar com eles sempre começava as suas frases com "Garry fez isso..." e "Garry disse isso e aquilo..." Sem querer, ambos tinham, egoisticamente e de forma tola, se privado de outros relacionamentos.

Pela própria definição, o namoro é basicamente duas pessoas com o foco uma na outra. Infelizmente, na maioria dos casos o resto do mundo vira um pano de fundo esmaecido. Se você já fez o papel de "vela" ao sair com um casal de amigos que estão namorando, você sabe como isso é verdade.

De todos os problemas referentes ao namoro, este é provavelmente o mais fácil de se resolver. Ainda assim os cristãos precisam levá-lo a sério. Por quê? Primeiro, porque quando permitimos que um relacionamento exclua os outros, estamos perdendo a perspectiva. Em Provérbios 15:22 lemos: "Onde não há conselho fracassam os projetos, mas com os muitos conselheiros, há bom êxito". Se tomamos as decisões da nossa vida baseado unicamente na influência de um relacionamento, provavelmente estaremos fazendo julgamentos limitados.

É claro que cometemos este mesmo erro em muitos outros relacionamentos não românticos. Mas nos deparamos com este problema mais frequentemente no namoro, pois envolve nosso coração e emoções. E como o namoro focaliza os planos do casal, assuntos fundamentais relacionados ao casamento, família e fé estão arriscados.

E se duas pessoas não tiverem definido o seu nível de compromisso, eles estão definitivamente em risco. Você se coloca em uma posição precária ao se isolar das pessoas que o amam e o apoiam pois você mergulha de corpo e alma em um relacionamento romântico não fundamentado no compromisso. No livro *Passion and Purity* (Paixão e Pureza), Elisabeth Elliot declara: "A não ser que um homem esteja preparado para pedir a uma mulher que seja a sua esposa, que direito tem de requisitar a sua atenção exclusiva? A não ser que tenha sido pedida em casamento, por que uma mulher sensível prometeria a qualquer homem a sua atenção exclusiva?" Quantas pessoas terminam seus namoros e encontram quebrados os seus laços de amizade com os outros.

Quando Garry e Jenny decidiram, em comum acordo, pararem de namorar, ficaram surpresos ao encontrarem os seus relacionamentos de amizade totalmente abandonados. Não que os seus amigos não gostassem dos dois; é que eles praticamente não os conheciam mais. Nenhum dos dois havia investido tempo ou esforço na manutenção destas amizades enquanto estavam concentrados no seu namoro.

Talvez você tenha feito algo semelhante. Ou talvez conhece a dor e frustração de ser deixado de lado por causa de um namorado ou namorada. A atenção exclusiva normalmente esperada em um namoro tem a tendência de roubar dos dois a paixão pelo serviço na igreja e de isolá-los dos amigos que mais os amam, dos familiares que mais os conhecem, e, o mais triste, até de Deus, cuja vontade é, de longe, mais importante do que qualquer interesse romântico.

5. *O namoro, em muitos casos, tira a atenção dos jovens adultos de sua principal responsabilidade, que é de preparar-se para o futuro.*

Nós não podemos viver no futuro, mas negligenciar nossas obrigações atuais nos desqualificará para as responsabilidades de amanhã. Estar distraído por causa do amor não é tão mal assim – a não ser que Deus deseja que você faça algo diferente.

Uma das tendências mais tristes do namoro é desviar os jovens adultos do desenvolvimento dos seus talentos e habilidades dadas por Deus. Ao invés de equiparem-se com o caráter, formação acadêmica e experiência necessária para obter o sucesso na vida, muitos permitem serem consumidos pelas necessidades atuais que o namoro enfatiza.

Christopher e Stephanie começaram a namorar quando ambos tinham quinze anos de idade. De um modo geral, eles tinham o namoro modelo. Eles nunca se envolveram fisicamente e quando terminaram o namoro após dois anos, o fizeram de forma amistosa. Então que mal houve? Bem, nenhum no sentido de que não criaram problemas. Mas podemos começar a enxergar alguns problemas quando pensamos no que Christopher e Stephanie poderiam ter feito ao invés de namorarem. Manter um relacionamento requer muito tempo e energia. Christopher e Stephanie gastaram incontáveis horas conversando, escrevendo, pensando e muitas vezes se preocupando com o seu relacionamento. A energia que empregaram os privou de outras ocupações. Para Christopher, o relacionamento sugou o seu entusiasmo pelo seu *hobby* de programação em computadores e pelo seu envolvimento no grupo de louvor da igreja. Apesar da Stephanie não culpar o Christopher, ela rejeitou diversas oportunidades de viagens missionárias de curto prazo, pois não queria ficar longe dele. O relacionamento deles consumiu um tempo que ambos poderiam ter gasto desenvolvendo habilidades e explorando novas oportunidades.

Namorar pode lhe dar a oportunidade de colocar em prática ser um bom namorado ou uma boa namorada, mas será que são habilidades que valem a pena? Mesmo que você esteja saindo com a pessoa com quem irá se casar, a preocupação em ser a namorada ou namorado perfeito, podem, na verdade, impedi-lo de ser o futuro marido ou esposa que esta pessoa irá precisar um dia.

6. *O namoro pode causar desgosto com o dom de permanecer solteiro dado por Deus*

No aniversário de três anos do meu irmão, ele ganhou uma linda bicicleta azul. A miniatura de bicicleta era novíssima, completa com rodinhas auxiliares, equipamentos de proteção e adesivos. Pensei que ele não poderia desejar uma bicicleta melhor, e mal podia esperar para ver a sua reação.

Mas para o meu desgosto, meu irmão não parecia impressionado com o presente. Quando meu pai tirou a bicicleta da caixa de papelão, meu irmão a observou por um momento, sorriu, e então começou a brincar com a caixa. Demorou alguns dias para que eu e a minha família o convencesse de que a bicicleta era o presente de verdade.

Não consigo evitar de achar que Deus vê a nossa paixão por relacionamentos de curta duração da mesma forma que eu enxergava o amor do meu irmão por uma caixa que não valia nada. Uma sucessão de namoros sem compromisso não é o presente! Deus nos dá o "estar solteiro" – uma época de nossa vida incomparável em termos de oportunidades infinitas de crescimento, aprendizado e serviço – e nós vemos isso como uma chance de nos atolarmos ao tentar achar e manter um namorado e namorada. Mas nós não encontramos a verdadeira beleza de estar solteiro na busca de romance com a maior variedade de pessoas que quisermos. Nós encontramos a verdadeira beleza em usar a nossa liberdade para servir a Deus com total entrega.

O namoro causa insatisfação, pois encoraja o uso indevido desta liberdade. Deus colocou um desejo pelo casamento na maioria dos homens e mulheres. Apesar de não estarmos pecando quando ansiamos pelo casamento, podemos ser culpados de mau uso do privilégio de sermos solteiros. É quando permitimos que um desejo por algo que Deus obviamente *ainda* não nos deu, roube a nossa habilidade de aproveitar e apreciar o que ele *já* nos deu. O namoro contribui ao reforçar esta insatisfação pois dá a duas pessoas solteiras a intimidade suficiente para fazê-los desejarem mais. Ao invés de aproveitarem as qualidades únicas de estar solteiro, o namoro faz com que as pessoas concentrem naquilo que ainda não possuem.

7. *O namoro cria um ambiente artificial para avaliar o caráter de outra pessoa.*

Apesar de muitos relacionamentos não serem direcionados para o casamento, alguns – especialmente entre estudantes de faculdade mais velhos – têm o casamento como sua motivação. As pessoas que querem sinceramente descobrir se determinada pessoa é uma boa opção para o casamento precisam entender que o namoro típico, na verdade, atrapalha este processo. O namoro cria um envolvimento artificial para duas pessoas interagirem. Consequentemente, cada pessoa pode facilmente apresentar uma imagem igualmente artificial.

Na entrada da garagem de casa temos uma cesta de basquete que permite o ajuste em diferentes alturas. Quando regulo a cesta quase um metro abaixo do padrão, eu pareço ser um excelente jogador de basquete. Enterrar não é nenhum problema. Eu deslizo pelo chão e faço a cesta todas as vezes. Mas a minha "habilidade" existe apenas porque eu rebaixei os padrões – eu não estou jogando no ambiente real. Me coloque em uma quadra com o aro a três metros do chão, e eu volto a ser um "homem branco que não sabe enterrar".[2]

De modo semelhante, o namoro cria um ambiente artificial que não exige que a pessoa apresente as suas características positivas e negativas. Em um namoro, a pessoa pode entrar no coração do parceiro usando atitudes cheias de charme. Ele dirige um carro legal e paga todas as despesas; ela é linda. Mas e daí? Ser um cara divertido em um passeio não diz nada sobre o seu caráter ou a sua habilidade em ser um bom marido ou esposa.

O namoro é algo divertido, em parte porque nos dá uma folga da realidade. Por esta razão, quando estiver casado eu planejo ter o hábito de namorar com a minha esposa. No casamento, você precisa tirar uma folga da tensão do trabalho e das crianças; você precisa "dar uma fugida" de vez em quando. Mas duas pessoas que estão avaliando a possibilidade de se ca-

---

2 Título de um filme sobre jogadores de basquete de rua.

sarem precisam ter certeza que elas interagem não apenas em situações divertidas e românticas do namoro. A sua prioridade não deve ser fugir da vida real; eles precisam de uma boa dose de realidade objetiva! É necessário ver o outro nas situações reais da vida com familiares e amigos. Eles precisam ver o outro servindo e trabalhando. Como ele interage com as pessoas que o conhecem melhor? Como ele reage quando as coisas não saem como planejado? Ao considerar um parceiro em potencial, precisamos encontrar respostas a estas questões – questões que o namoro não irá responder.

Hábitos Antigos são Duros de Matar

Os sete hábitos de namoros altamente defeituosos revelam que não podemos consertar muitos dos problemas do namoro apenas namorando corretamente. Acredito que o namoro tem tendências perigosas que não se afastam só porque cristãos estão no comando. E mesmo aqueles cristãos que evitam a maioria das armadilhas de sexo antes do casamento e términos de namoro traumáticos, geralmente gastam muita da sua energia lutando contra a tentação.

Se você já namorou, isso possivelmente soa familiar. Acho que, por um tempo maior que o devido, temos abordado os relacionamentos usando o conjunto de valores e a disposição mental do mundo. Se você já tiver experimentado antes, você provavelmente concordará comigo de que simplesmente não funciona. Não desperdicemos mais tempo lutando contra o carrinho "desalinhado" do namoro. Chegou a hora de uma nova atitude.

Capítulo Três

Uma nova atitude

CINCO MUDANÇAS DE ATITUDE PARA AJUDÁ-LO
A EVITAR UM NAMORO DEFICIENTE

No capítulo anterior, delineei os sete hábitos de um namoro altamente deficiente. Talvez o capítulo tenha questionado a sua forma de ver o namoro. Se isso tiver ocorrido, você provavelmente estará se perguntando: "Até concordo que o namoro tem seus problemas. Mas o que faço então? *Como* os cristãos podem evitar um namoro deficiente?"

O primeiro passo é mudar a sua atitude em relação a relacionamentos. É mais fácil falar do que fazer, não mesmo? Mas em Efésios 4:22-24, Paulo nos mostra como podemos transformar a nossa vida: "...a despir-se do velho homem, que se corrompe por desejos enganosos, a serem renovados no modo de pensar e a revestir-se do novo homem criado para ser semelhante a Deus em justiça e santidade provenientes da verdade". Até que renovemos o nosso modo de pensar a respeito do amor e dos relacionamentos, nosso estilo de vida continuará a debater-se na lama do namoro deficiente.

Neste capítulo, gostaria de apresentar com clareza a perspectiva que, na minha opinião, Deus quer que tenhamos em relação ao romance. O que se segue são cinco importantes "novas atitudes" que irão nos ajudar a ficarmos livres destes hábitos negativos do namoro. Cada uma destas "novas atitudes" flui da visão que temos de três áreas: amor, pureza e o estar solteiro. Iremos expandir nestas três áreas na próxima seção, mas por hora as mudanças de atitudes descritas aqui nos dão um relance da alternativa prática que Deus oferece àqueles que querem o melhor Dele.

Eu disse adeus ao namoro

1. *Cada relacionamento é uma oportunidade para dar forma ao amor de Cristo.*

Bethany, terminando o primeiro ano em uma faculdade cristã, tem uma reputação de namoradeira. Infelizmente, muito da sua interação com os rapazes é falsa; é focalizada em chamar a atenção sobre ela e provocar uma reação na pessoa de quem ela está gostando no momento. Bethany investe mais energia em conseguir que um rapaz goste dela do que em incentivá-lo a devoção.

Mas quando Bethany muda a sua perspectiva e compreende que a sua amizade com rapazes é uma oportunidade para amá-los como Cristo o faz, ela dá um giro de 180 graus da paquera para um amor honesto, sincero que trata os rapazes como irmãos, não namorados em potencial. Ao invés de se ver como o centro do universo com as outras pessoas girando em torno dela, ela pode começar a buscar formas de abençoar os outros.

O mundo saberá que seguimos a Cristo pela maneira que amamos os outros. Por esta razão, devemos praticar o amor conforme Deus o define – sincero, com coração de servo e abnegado – não o tipo de amor egoísta e sensual baseado naquilo que nos dá uma sensação gostosa.

2. *Os anos como solteiro são um presente de Deus.*

Michael tem vinte e um anos de idade e tem uma personalidade simpática que combina com a sua boa aparência. Como um dos líderes dos jovens da sua igreja ele tem inúmeras oportunidades de conhecer e fazer amizades com garotas cristãs. Apesar dele se dar conta do potencial que tem para o ministério como uma pessoa solteira e não se sentir apressado para se casar, ele desenvolveu um padrão de namorar com garotas, uma após a outra. Mesmo que Michael não tenha feito nada imoral, o seu padrão de namoros curtos o rouba da flexibilidade, liberdade e do foco de estar solteiro. Ele ainda age a partir da antiga visão do namoro de que ele está incompleto sem uma namorada.

Mas quando Michael adota uma nova atitude que vê o estar solteiro como um presente, ele aprende a se satisfazer com a amizade durante o tempo em que Deus quer que ele permaneça solteiro. Como resultado, Michael pode tirar da sua vida todo o empecilho que relacionamentos de curta duração trazem para si. Com o tempo e a energia disponibilizada, ele pode buscar um ministério mais eficiente e amizades mais profundas com pessoas de ambos os sexos.

Enquanto não compreender o estar solteiro como um presente de Deus, você provavelmente não aproveitará as incríveis oportunidades inerentes a esta fase. Talvez, agora mesmo você possa pensar em uma oportunidade que você não deixaria passar se largasse a ideia de namoro. Como solteiro você tem a liberdade neste momento de explorar, estudar e desafiar o mundo. Nenhuma outra época da sua vida oferecerá estas oportunidades.

3. A intimidade é a recompensa do compromisso – eu não preciso buscar um relacionamento romântico antes de estar pronto para me casar.

Jane tem dezessete anos de idade e está namorando um menino da sua igreja a mais de um ano. Ambos são cristãos firmes, e eles querem se casar algum dia. O "algum dia" é o problema – realisticamente, eles não poderão se casar nos próximos anos. Ambos têm coisas específicas para alcançar para Deus antes que possam dar este passo.

A atitude antiga diria que a intimidade é gostosa, então aproveite agora mesmo. Mas a nova atitude reconhece que se duas pessoas não podem se comprometer mutuamente, eles não têm nada que se envolver na busca pelo romance. Apesar de não ser fácil, Jenny diz ao seu namorado que eles precisam limitar o tempo e a energia que investem um no outro. Confiando que Deus pode juntá-los novamente se Ele o desejar, eles interromperam a progressão da intimidade até que eles possam acompanhá-la com o compromisso. Apesar de sofrerem com a separação, perdendo a proximidade que eles usufruíam, eles sabem que a longo prazo – independente de se casarem com o outro ou com uma outra pessoa – eles fizeram a melhor escolha para ambos.

Deus criou cada um de nós com um desejo por intimidade e Ele quer satisfazê-lo. Enquanto estamos solteiros, Ele não tem a expectativa que este desejo desapareça, mas acredito que Ele nos pede que tenhamos a paciência para esperar. Enquanto isso busquemos relacionamentos firmes com a família e relacionamentos profundos e não românticos com irmãos e irmãs em Cristo.

Isto não quer dizer que você tem que casar com a primeira pessoa com quem você achar romance e intimidade. Mesmo conhecendo alguns que se casaram com a primeira pessoa com quem desenvolveram um relacionamento íntimo e romântico, a maioria de nós não seguiremos nesta direção. Cada um de nós irá provavelmente desenvolver relacionamentos íntimos com várias pessoas antes de Deus claramente indicar com quem devemos nos casar. Mas não podemos usar esta realidade como uma desculpa para buscar o romance como um fim em si mesmo. Acredito que esta visão é equivocada e egoísta. Se você não está pronto para considerar o casamento ou não está verdadeiramente interessado em se casar com uma determinada pessoa, por que encorajá-la a precisar de você ou pedi-la para atender emocionalmente ou fisicamente às suas necessidades?

4. Eu não posso "ser dono" de alguém fora do casamento.

Aos olhos de Deus, duas pessoas casadas se tornam uma só. E ao amadurecer, você irá frequentemente desejar a unidade que advém de compartilhar a vida com alguém. Talvez você sinta este desejo hoje mesmo. Ainda assim, acredito que, enquanto não estivermos prontos para assumir o compromisso do casamento, nós não temos o direito de tratar ninguém como se ele ou ela pertencesse a nós.

Uma nova atitude

Sarah e Philip são estudantes do último ano do ensino médio e tem saído juntos a seis meses. O relacionamento deles atingiu um nível de seriedade razoável. Na verdade, para todos os efeitos, é como se estivessem casados. Eles raramente fazem qualquer coisa separados – eles monopolizam os finais de semana um do outro, dirigem o carro um do outro e conhecem a família do outro quase tão bem quanto a sua própria. Da mesma forma, o relacionamento físico é razoavelmente sério também. Na verdade, está em uma situação precária. Apesar de não terem tido relação sexual, eles estão constantemente em conflito quanto à ir longe demais.

A atitude antiga diz que podemos "brincar de casamento" se realmente amamos alguém. Mas a nova atitude enxerga que é injusto requerer o tempo, a afeição e o futuro de alguém antes do casamento.

Sarah e Philip compreendem que precisam terminar o seu relacionamento como ele existe hoje. Ao se considerarem propriedade um do outro, eles sufocaram o crescimento individual e desnecessariamente consumiram energia que deveria ter sido dirigida ao serviço e à preparação para o futuro. Eles planejaram as suas vidas em torno do outro quando eles nem sabem se irão se casar algum dia. E na realidade, se eles forem como a maioria dos casais de colégio, cada um deles irá se casar com uma outra pessoa.

Mesmo que a Sarah e o Philip tivessem mantido o relacionamento físico completamente puro, eles ainda teriam feito exigências injustas em relação à vida espiritual e emocional do outro ao continuar o relacionamento. Se Deus os quer juntos no futuro, a decisão atual de interromper este envolvimento não coloca o Seu plano em risco. Agora mesmo eles precisam obedecer a Deus e terminar um relacionamento em que têm roubado um do outro.

Você está injustamente fazendo exigências emocionais, espirituais ou mesmo físicas a alguém? Peça a Deus para mostrá-lo se precisa reavaliar o seu relacionamento atual.

5. *Evitarei situações que podem comprometer a pureza do meu corpo ou mente.*

Jéssica, de dezesseis anos de idade, é uma boa garota, mas infelizmente muito ingênua. Mesmo sendo virgem e tendo assumido o compromisso de somente ter relações sexuais no casamento, ela se coloca em situações comprometedoras com o seu namorado que é mais velho do que ela – deveres de escola na sua casa quando a sua mãe não está, passeios ecológicos sozinhos, permanecendo um tempo no carro dele após um programa juntos. Se a Jéssica fosse sincera, ela admitiria que ela gosta do estímulo destas situações. Ela acha que são muito românticas, e dá a ela uma sensação de controle sobre o namorado que por sua vez, para ser bem honesto, avançará o máximo no relacionamento físico que a Jéssica permitir.

Mas quando Jéssica assume uma nova atitude, ela vê que a pureza consiste em mais do que permanecer virgem. Quando ela honestamente examina o seu relacionamento com o namorado, ela vê que deixou o caminho da pureza. Para voltar à direção correta ela tem que mudar o seu estilo de vida drasticamente. Primeiro, ela termina o relacionamento com o namorado, pois eles estão concentrados no aspecto físico. Depois ela decide evitar estas situações que favorecem o comprometimento dos seus valores.

Onde, quando e com quem você escolhe gastar o seu tempo revelam o seu verdadeiro compromisso com a pureza. Você precisa examinar as suas tendências? Caso afirmativo, certifique-se de evitar situações que encorajam a tentação.

BAGAGEM DESNECESSÁRIA

Você pode estar pensando agora mesmo, "Esta nova atitude é radical!" Talvez você esteja imaginando se pode adotar tais atitudes aparentemente tão estranhas. Eu sei que esta nova atitude desafia as convenções e até mesmo os hábitos que você possa ter adotado. Mas eu acredito que se quisermos viver

Uma nova atitude

o "estilo de vida de Deus" nós devemos abraçar um padrão revolucionário. A vida no estilo de Deus, no seu completo compromisso com a obediência, não deixa espaço para coisas insignificantes, falta de sinceridade, tempo desperdiçado ou egoísmo. Em resumo, é um estilo de vida em que não há lugar para os sete hábitos de um namoro altamente deficiente. Isso pode soar muito difícil para você. Mas se você pensar um pouco, acho que você verá que é factível, até mesmo desejável. Por quê? Porque os cristãos com os olhos visando o amor sincero e inteligente não acharão um sacrifício abandonarem a abordagem do mundo aos relacionamentos. Rejeitar a atitude antiga é a resposta natural, não somente para os problemas evidentes do namoro, mas também, e mais importante ainda, para o elevado chamado que recebemos de Deus. Ele nos ordena "... livremos de tudo que nos atrapalha..." e "... corramos com perseverança a corrida que nos está proposta..." (Hb 12:1) Deus deseja que ganhemos a corrida da vida. As atitudes e práticas nos relacionamentos de namoro na nossa cultura são bagagens desnecessárias que atrapalham.

"Mas qual é a alternativa?" Você pergunta. Solidão? Permanecer solteiro a vida toda? Sexta-feira à noite assistindo vídeos com o seu gato de estimação? Não! Não! Não!

Decidir não participar do jogo do namoro, não significa rejeitar a amizade com o sexo oposto, companheirismo, romance ou casamento. Ainda podemos buscar estas coisas; apenas decidimos buscá-las nos termos de Deus e no tempo Dele. Deus pede que coloquemos as nossas ambições românticas na pilha de "todas estas coisas" que devemos deixar para trás para que busquemos "...em primeiro lugar o reino de Deus e a sua justiça..." (Mt 6:33) O desejo básico de Deus é de que nos consumamos em buscá-lo de todo o nosso coração. Deixar o namoro de lado é apenas um efeito colateral.

FAZENDO A TROCA

Muitas das atitudes e práticas dos namoros de hoje entram em conflito com o estilo de vida do amor inteligente que Deus quer que vivamos. Deixe-me fazer algumas perguntas difíceis que irão perscrutar a sua alma. Você está disposto a quebrar as regras da sua cultura para experimentar o melhor de Deus? Você está disposto a entregar tudo a Ele, consagrando-se com total desprendimento?

Uma história simples contada por um dos meus pregadores preferidos, Ravi Zacharias, claramente ilustra a escolha que fazemos. Um dia um menino que tinha um saco de bolinhas de gude propõe uma troca com uma menina que tinha um saco de balas. A menina concorda de imediato. Mas quando o menino tira as suas bolinhas, ele se dá conta que não conseguirá ficar sem algumas delas. De uma maneira desonesta, ele tira três das suas melhores bolinhas e as esconde embaixo do travesseiro. O menino e a menina fazem a troca, e ela jamais fica sabendo que ele a trapaceou. Mas naquela noite, enquanto a menina dormia um sono tranquilo, o menino não estava em paz. Ele estava bem acordado, atormentado por uma pergunta: "Será que ela também ficou com as suas melhores balas?"

Como aquele garotinho, muitos de nós passamos pela vida incomodados pela pergunta: "Será que Deus tem me dado o melhor Dele?" Mas a questão que devemos responder primeiro é: "Será que eu estou dando a Deus o melhor de mim?"

Você e eu nunca experimentaremos o melhor de Deus – estando solteiros ou casados – até que entreguemos tudo a Ele. Nós temos nos agarrado a atitudes antigas e tentado manter insensatamente um estilo de vida que o mundo afirma que nos trará realização. Deus nos pede que entreguemos todas estas coisas a Ele.

Em que posição você está neste momento? Você entregou a Deus tudo pertinente a você, ou ainda está segurando as suas bolinhas de gude favoritas nas mãos, incluindo a sua atitude em relação ao namoro?

Nos capítulos seguintes examinaremos as nossas atitudes em relação a três assuntos do coração – amor, paciência e pureza – que determinam a nossa abordagem em relação aos relacionamentos. À medida em que buscamos obter a perspectiva de Deus, descobrimos que entregarmos tudo a ele é uma boa troca.

Parte Dois

O Âmago da Questão

Capítulo Quatro

Procurando a definição de "Amor" no dicionário de Deus

Aprendendo a definição verdadeira de amor

Você fez o quê? Perguntei sem querer acreditar no que ele dizia.
Jeff deu uma gargalhada e acelerou o carro ao fazer uma curva. O meu choque aparentemente encheu-o de energia.
"Glória disse para a sua mãe que ela dormiria na casa de uma amiga e alugamos um quarto em um hotel na sexta à noite." Ele contou como se não fosse nada importante.
Apesar de parecer que quase não tinha idade para dirigir, o meu amigo de dezesseis anos de idade era o meu "motorista particular" durante as semanas de verão que passei na casa da minha avó em Ohio. Nossos pais se conheciam desde que eram recém-casados; nós tínhamos fotos de quando éramos crianças pequenas brincando juntos.
Jeff e a sua namorada, Glória, estavam juntos a algum tempo. Se não descontasse as inúmeras vezes em que terminaram e reconciliaram, eles estavam namorando a quase um ano. Jeff nunca havia sido claro a respeito do nível de envolvimento físico, mas agora eles tinham obviamente ido até o fim no seu relacionamento.
"Nós ficamos em um quarto no Holiday Inn em Dayton" ele explicou ao colocar a mão para fora da janela no ar fresco da noite. Virando-se para mim deu um sorriso, piscou maliciosamente e disse: "Cara, oh, cara".

"Eu não acredito" eu disse, deixando que o tom da minha voz mostrasse a minha reprovação. "Quer dizer que você e a Glória... vocês... vocês dormiram juntos?"

Jeff podia notar que eu não estava contente. Ele queria que eu ficasse impressionado, que eu desse um tapa nas costas como um dos seus colegas de futebol nos vestiários aplaudindo-o pela sua "proeza". Eu queria lhe dar um tapa, mas não era nas suas costas.

"Olhe, Josh", ele disse defensivamente, "nós esperamos muito tempo por isso. Foi realmente especial. Talvez não encaixe nos seus valores morais, mas sentimos que era o tempo certo de demonstrar o nosso amor".

"Meus valores morais?" disse indignado. "Meus valores morais? Desde quando são meus valores? Quantas vezes conversamos sobre isso? Um com o outro? Na igreja? Jeff, você sabe que não agiu corretamente. Você..."

"Nós nos amamos" Jeff disse, me interrompendo no meio da frase. "Se algum dia você realmente se apaixonar, então você entenderá."

A conversa terminou. Por alguma razão o sinal vermelho demorou uma eternidade para abrir. Nós permanecemos em silêncio ouvindo o clique da seta. Eu desviei o olhar para fora do carro.

Quatro anos depois, Jeff estava indo para a faculdade em Michigan. "Estou noivo!" Ele me contou pelo telefone. "A Debbie é incrível. Eu nunca estive tão apaixonado."

"Que ótimo" eu disse. Foi uma reação sem nenhum entusiasmo. Eu não pude evitar. Estava pensando na Glória. Havia muito tempo que não a encontrava. Em que posição ela estava agora? Era a terceira ou quarta ex-namorada? Amor, hein?

O Primeiro Beijo

"Que tal comida chinesa?" Perguntei ao dar a partida no carro.

Procurando a definição de "Amor" no dicionário de Deus

"Acho ótimo!" respondeu Eric com seu habitual entusiasmo. Acabara de conhecer Eric e sua esposa, Leslie, mas já notara a exuberância e empolgação do Eric em relação a tudo – até mesmo a minha sugestão de restaurante.

"Tudo bem com você, querida?" Ele perguntou gentilmente para Leslie, que estava sentada no banco de trás.

"Claro" – ela respondeu docemente.

Eric e Leslie tinham vindo me visitar na viagem que faziam pelo Noroeste. Um amigo no Colorado tinha me contado sobre estes recém-casados e o pequeno livro que eles haviam escrito. O livro deles contava a história de como se conheceram e cresceram em amor um com o outro sem seguir o padrão típico de namoro.

Dificilmente você acharia duas pessoas mais românticas. Eles se adoravam e demonstravam isso. Eric raramente tirava os olhos da Leslie. Assentado no banco da frente, ele passou a mão atrás da cadeira, e Leslie se esticou para segurá-la. Ficar de mãos dadas quando um está no banco da frente e o outro no banco de trás? Isso eu nunca tinha visto antes.

Após o jantar, enquanto abríamos os nossos biscoitos da sorte[1], eu fiz uma pergunta: "Vocês não conseguem ficar sem se tocarem?" Comecei em tom de provocação. O rosto da Leslie ficou vermelho. "Foi difícil manter puro o aspecto físico do seu relacionamento enquanto estavam noivos?"

Eric tomou a mão da Leslie e sorriu para ela antes de responder. "É óbvio que o desejo para isso estava presente – sempre estará." Ele disse. "Mas não, não foi uma luta. Eu e a Leslie decidimos bem no início do nosso relacionamento que iríamos nos restringir quanto ao contato físico até que nos casássemos. Nosso primeiro beijo foi no altar."

Meu queixo caiu. "Vocês não se beijaram até que estivessem casados?"

---

1 Costuma-se servir nos restaurantes chineses uns biscoitos após a refeição. Dentro de cada biscoito têm um papel com uma pequena mensagem.

"Exatamente!" Disse Eric, radiante. "O máximo que fizemos foi ficar de mãos dadas. E, Josh, sabemos que este tipo de padrão não é para todos os casais. Nós não tomamos esta decisão para sermos legalistas; ela veio do coração. Todos, inclusive nossos pais, diziam que devíamos nos beijar. Mas ambos decidimos que era isso que queríamos fazer. Foi o nosso modo de demonstrar o nosso amor, protegendo o outro antes de nos casarmos." E então, com um brilho no olho, ele disse: "Deixe-me dizer isso: aquele primeiro beijo foi a coisa mais incrível e linda do mundo. Não consigo nem começar a descrevê-lo."

Eric e Leslie. Jeff e Glória. Dois casais que usaram a mesma palavra – amor – para explicar o que os motivou a agir em direções opostas. Os dois estavam falando sobre a mesma coisa? Para Jeff e Glória, o amor justificava uma noite em um hotel curtindo o corpo um do outro antes do casamento. Para Eric e Leslie, o amor significava mal se tocarem antes de subirem ao altar. Para Jeff e Glória, o amor era impaciente e exigia o comprometimento de valores. Para Eric e Leslie, o amor abastecia a integridade e dava a eles a paciência que precisavam para esperar.

Uma palavra. Duas definições.

Apaixonado Com O Amor

Eu sou um romântico incurável, e assumo isso. Sou apaixonado com o estar apaixonado, se isso é possível.

Não tem nada parecido com isso, e se você já experimentou, sabe do que estou falando. Estar apaixonado é uma colcha de retalhos de mil momentos indescritíveis. Uma energia nervosa corre pelo seu corpo quando você pensa naquela pessoa especial, e isso acontece o tempo todo em que está acordado. Você perde o interesse nas atividades monótonas como comer, dormir e pensar racionalmente. Você descobre que cada canção de amor no rádio foi escrita para você. Parece que alguém tirou as vendas dos seus olhos, e agora você pode ver o mundo cheio de maravilhas, mistérios e felicidade.

Eu amo o amor. Mas acabei me dando conta de que eu não sei muito a respeito dele. Ah, eu posso te contar tudo quanto ao aspecto aconchegante e gostoso do amor. Posso me jogar ao romance com toda a paixão de Romeu, mas na escola de Deus do amor verdadeiro, infelizmente ainda estou na educação infantil.

Para mim e para aqueles que compartilham do "amor pelo amor", Deus quer dar uma visão maior e mais elevada. Ele quer que aprofundemos o nosso entendimento. O romance pode nos emocionar até a raiz, mas é apenas uma pequena parte do amor verdadeiro. Nós estivemos brincando na caixa de areia – Deus quer nos levar até a praia.

AFRODITE OU CRISTO?

É impossível exagerar a respeito da importância de obter a perspectiva de Deus sobre o amor. Todos os hábitos negativos do namoro podem ser associados à adoção das atitudes de um mundo caído em relação ao amor. E o conflito entre as definições de amor feitas por Deus e pelo mundo não é novo. Os cristãos sempre puderam escolher entre imitar o Mestre ou deslizar para um padrão mais sedutor oferecido pelo mundo.

O apóstolo Paulo compreendeu este conflito quando escreveu o seu famoso capítulo sobre o amor aos cristãos que moravam em Corinto. Ele deve ter se dado conta da ironia da sua tarefa. Nos dias de Paulo, escrever aos coríntios sobre o amor de Deus seria o equivalente de hoje a escrever uma carta sobre os valores familiares para Hollywood. "Coríntio" era um sinônimo de imoralidade. "Dar uma de coríntio" era entregar-se ao prazer sexual. Uma "garota coríntia" era um outro modo de dizer prostituta. Como Paulo podia ter esperança de transmitir um entendimento do puro amor de Deus a uma cidade mergulhada em perversão?

O amor é paciente, o amor é bondoso. Não inveja, não se vangloria, não se orgulha. (1Co 13:4)

A agitada e cosmopolita cidade portuária tinha elevado o sexo a uma busca religiosa. O templo de Afrodite, a deusa grega do amor, empregava mil prostitutas. Como é que estas pessoas poderiam compreender o verdadeiro significado da declaração "Deus é amor" (1Jo 4:16) quando em cada esquina e de cada bordel alguém oferecia a elas a sua versão de "amor" – prazer sensual? Será que enxergariam a verdade e a beleza do verdadeiro amor em meio a sedução de sua versão falsificada?

Não maltrata, não procura seus interesses, não se ira facilmente, não guarda rancor. (1Co 13:5)

Seria Afrodite ou Cristo que triunfaria em Corinto? A sensualidade expulsaria o servir aos outros? A sexualidade teria prioridade sobre a abnegação? Será que os leitores da humilde carta de Paulo escolheriam o que é eterno ou os prazeres fugazes do momento?

Hoje os cristãos enfrentam o mesmo conflito. Apesar de estarem separados por dois mil anos, há semelhanças de sobra entre a nossa cultura e a de Corinto. Mais do que nunca, o sexo é um item à disposição. A sensualidade e a sexualidade exageradas nos chamam a cada esquina, se não dos bordéis, então das bancas de revistas e cartazes. "Amor é sexo" sussurra uma propaganda da Calvin Klein. "Sexo é prazer" declara um filme. E no rádio, "O prazer é tudo que importa" é cantado docemente nos nossos ouvidos.

Em meio a esta avalanche, a mensagem silenciosa de Deus a respeito do amor verdadeiro ainda fala àqueles que escolhem prestar atenção.

Você consegue ouvi-la? Guarde a revista. Desligue o videocassete. Tire a tomada do equipamento de som e ouça...

O amor não se alegra com a injustiça, mas se alegra com a verdade. Tudo protege, tudo crê, tudo espera, tudo suporta.
O amor nunca perece. (1Co 13:6-8)

PESADELO DA MODA

Como os cristãos em Corinto, nós temos como opções dois estilos de amor – o de Deus ou o do mundo. Qual iremos escolher? Eu tenho uma ilustração que poderá nos ajudar a compreender o nosso papel como seguidores de Cristo e consequentemente o estilo de amor que devemos adotar. Pode parecer um pouco estranho a princípio, mas acompanhe a ideia. Fará sentido à medida que eu for explicando. Penso que podemos enxergar o amor como algo que vestimos.

A partir do dia em que Adão e Eva desobedeceram a Deus e costuraram umas folhas de figueira no Jardim do Éden, o mundo tem experimentado algo como um pesadelo da moda, não em termos de vestimenta mas em termos de amor. Quando o pecado desfigurou o projeto original de Deus para o amor, a raça humana começou a "vestir" uma imitação deturpada e corrompida, baseada no egoísmo e na irresponsabilidade.

Mas como o amor de Deus é perfeito e duradouro, Ele criou uma maneira para experimentarmos o Seu projeto para o amor mais uma vez. Ele enviou Jesus Cristo para consertar as coisas. Em termos de moda, poderíamos chamar o Autor e Consumador da nossa fé de Estilista e Modelo de uma expressão revolucionária de amor. Cristo deu a Sua vida por um mundo que o rejeitou, e nos disse para amar os nossos inimigos. Ele lavou os pés dos homens que o chamavam de Mestre e nos ordenou que servíssemos uns aos outros em humildade.

Ele nos deu o padrão – "Como eu vos amei, vocês devem amar uns aos outros" (Jo 13:34) – e nos mandou compartilhar isso com o mundo.

SUPER MODELOS

Talvez você nunca modele alta costura em Nova Iorque ou Paris, mas como um cristão você modela o amor de Deus para o mundo. Compreender esta responsabilidade afeta profundamente a nossa abordagem nos relacionamentos, especialmente no nosso namoro. Quando namoramos representamos o amor de Deus não apenas à outra pessoa do relacionamento, mas também às pessoas que nos observam. Como cristãos, precisamos lembrar que o perfeito amor de Deus não é apenas para o nosso benefício. Uma modelo veste roupas para atrair a atenção à criatividade do estilista. A modelo expõe o trabalho dele, mas a reputação do estilista é que está em jogo, não a da modelo. Do mesmo modo, como cristãos modelamos o amor de Deus, independente se nos damos conta disso ou não. As pessoas nos observam, e o que elas veem afeta a reputação de Deus em relação ao amor que tem pela sua criação. Se dizemos que seguimos a Cristo e vestimos o estilo deturpado de amor do mundo, nós arrastamos o nome e o caráter do nosso Senhor na sujeira.

Por esta razão, devemos nos perguntar: "Estou modelando o amor de Cristo? As minhas motivações e ações neste relacionamento refletem o perfeito amor que Deus tem me mostrado?" Como é que você responderia a estas perguntas neste momento?

Eu Me Amo

Eu acredito que podemos modelar o perfeito amor de Deus quando evitamos os hábitos negativos do namoro. E fazê-lo requer que reconheçamos e rejeitemos o padrão de amor do mundo. Primeiramente precisamos entender que todas as decepções do mundo advêm da crença de que *o amor é basicamente para a realização e conforto de si mesmo*. O mundo envenena o amor ao concentrar primeiramente na satisfação das necessidades da própria pessoa.

Nós testemunhamos este veneno no namorado ou namorada que pressiona o parceiro para transar. Você já ouviu esta cantada? "Se você realmente me amasse você faria isso."

Em outras palavras: "Eu não me importo com você, com suas convicções ou como isso pode machucá-la emocionalmente – satisfaça as minhas necessidades." E aquele que namora com alguém pois promove a sua popularidade mas depois abandona o relacionamento quando uma pessoa de um estrato social mais alto aparece? Apesar do primeiro exemplo ser mais extremo, ambos os casos ilustram o "amor" centrado em si mesmo em ação.

Depois nos dizem que *o amor é basicamente um sentimento*. À primeira vista isto parece bastante inocente – frequentemente sentimos o amor, e isto não é necessariamente errado. Mas quando fazemos com que os sentimentos sejam o teste máximo do amor, nós *nos* colocamos como o mais importante. Sozinhos, os nossos sentimentos não fazem nenhum bem aos outros. Se um homem "sente" amor pelos pobres mas nunca os dá dinheiro para ajudá-los ou nunca demonstra carinho por eles, de que valem os seus sentimentos? Eles podem beneficiá-lo, mas se as suas ações não comunicarem este amor, os seus sentimentos não significam nada.

Ao inflacionarmos a importância dos sentimentos, negligenciamos a importância de colocarmos o amor em ação. Quando avaliamos a qualidade do nosso amor por alguém apenas pela nossa própria realização emocional, nós praticamos o egoísmo.

Caí e Não Consigo Me Levantar

A segunda mentira sobre o amor lida com a responsabilidade pessoal. O mundo nos diz que *o amor está além do nosso controle*.

Este modo de pensar já firmou raízes na nossa língua. Nós descrevemos o início de uma paixão como estando "caído de amor por alguém". Ou as pessoas dizem: "Nós estamos loucos de amor um pelo outro". Provavelmente você mais do que apenas alguém ouviu alguém dizer estas coisas – ou você mesmo, talvez, as tenha dito.

Porque somos inclinados a comparar o amor a um buraco (aonde se cai) ou a um desequilíbrio mental? O que estas declarações revelam sobre a nossa atitude em relação ao amor? Acho que fazemos estas analogias exageradas, pois elas removem a responsabilidade pessoal. Se uma pessoa cai em um buraco, o que se pode fazer? Se um animal contrai a raiva e sai correndo espumando na boca e mordendo as pessoas, não há nada que ele possa fazer, pois está com a raiva.

Soa um pouco absurdo discutir o amor nestes termos? Eu acho que sim. Ainda assim temos a tendência de expressar a nossa experiência de amor desta forma. Pensamos em amor como algo fora do nosso controle e isto nos desobriga de nos comportarmos responsavelmente. Em casos extremos, pessoas têm acusado o amor de assassinato, imoralidade, estupro e muitos outros pecados. Tudo bem, talvez nem eu nem você tenhamos feito estas coisas. Mas talvez você mentiu para os pais ou amigos por causa de um relacionamento. Talvez você forçou o seu parceiro a ir longe demais fisicamente. Mas se o amor está fora do nosso controle, não podemos ser responsabilizados. Sim, nós sabemos que nos comportamos imprudentemente. Sim, nós sabemos que talvez tenhamos machucado pessoas no processo, mas não podíamos fazer nada. Estávamos apaixonados, estávamos amando.

UM TAPA NA CARA

O mundo pode definir e defender o amor nestes termos, mas a Bíblia oferece uma perspectiva diferente. Para a pessoa que pratica o amor do mundo que é centrado em si mesmo e fora do seu controle, a definição de Deus pode ser tão surpreendente quanto um tapa na cara.

O mundo nos leva a uma tela prateada passando imagens de paixão e romance, e enquanto assistimos, o mundo nos diz: "Isto é amor". Deus nos leva ao pé de um tronco em que um homem nu e sangrando está pendurado e diz: "*Isto* é amor".

Procurando a definição de "Amor" no dicionário de Deus

Deus sempre define o amor apontando para o Seu Filho. A Palavra tornou-se carne e viveu entre nós para nos dar um ponto de referência, um exemplo vivo e revolucionário do amor verdadeiro. E o antídoto de Cristo para o veneno do amor centrado em si mesmo é a cruz. "Se alguém quiser vir após mim", disse Jesus, "negue-se a si mesmo, tome a sua cruz e siga-me" (Mt 16:24). Cristo ensinou que *amor não é para a realização de si mesmo, mas para o bem dos outros e para a glória de Deus.* O verdadeiro amor é abnegado. Ele dá; ele sacrifica; ele morre para as suas próprias necessidades. "Ninguém tem maior amor" disse Jesus, "do que aquele que dá a sua vida pelos seus amigos" (Jo 15:13). Ele sustentou as suas palavras com as suas ações – Ele deu a sua vida primeiro por todos nós.

Cristo também mostrou que *o amor verdadeiro não é medido ou regido por sentimentos.* Ele foi para a cruz quando todas as suas emoções e instintos em seu corpo diziam para ele se afastar. Você já leu o relato de Jesus orando no Jardim do Getsêmani? Ele claramente não teve *sentimentos* que o incentivaram a enfrentar os espancamentos, ser pendurado na cruz e entregar a sua vida. Mas Ele colocou os seus sentimentos diante do Pai, se entregando à vontade do Pai. Os sentimentos de Jesus não foram o teste do Seu amor e nem foram o Seu senhor.

Cristo quer que tenhamos a mesma atitude. Ele não disse: "Se vocês me amam, vocês sentirão uma gostosa e contínua emoção religiosa". Ao invés disso Ele nos diz: "Se vocês me amam, obedecerão aos meus mandamentos" (Jo 14:15). O amor verdadeiro sempre se expressa em obediência a Deus e em serviço aos outros. Bons sentimentos são legais mas não são necessários.

O exemplo de Jesus também nos mostra que *o amor está sob o nosso controle.* Ele *escolheu* nos amar. Ele escolheu entregar a sua vida por nós. O perigo de acreditar que você "é tomado por uma paixão" é que da mesma forma, inesperadamente, você pode "perder todo o amor". Você não fica contente pelo fato do amor de Deus não ser assim tão imprevisível? Não é bom saber que o amor de Deus está sob o Seu controle e não é baseado em caprichos do momento? Precisamos descartar o conceito errôneo de que o amor é uma "força" estranha que nos joga de um lado para o outro como folhas ao vento contra a nossa vontade. Não podemos justificar fazermos aquilo que sabemos estar errado dizendo que o "amor" nos pegou e "fez" com que nos comportássemos irresponsavelmente. Isto não é amor. Ao invés disso, é o que a Bíblia, em 1 Ts 4:5, chama de "paixão de desejo desenfreado". Nós expressamos o amor verdadeiro em obediência a Deus e no serviço aos outros – não com um comportamento descuidado e egoísta – e nós *escolhemos* estes comportamentos.

O VERDADEIRO AMOR INVALIDA O NAMORO

Tendo apresentado estas verdades sobre o amor, vamos fazer uma aplicação prática. Se o namoro depende da nossa atitude em relação ao amor, o que acontece ao namoro quando assumimos as atitudes de Cristo?

Saem faíscas.

O amor verdadeiro de Deus praticamente invalida o namoro da forma como o conhecemos. Pense um pouco – quando você namora guiado pela atitude do mundo de que o amor é para o seu próprio benefício, você baseia as suas decisões de namoro no que é o melhor para você. Eu abri este capítulo com uma história sobre os meus amigos Jeff e Glória. Infelizmente, eles se submeteram, com frequência, à definição de amor dada pelo mundo. Em primeiro lugar, a motivação deles era centrada em si mesmos. Jeff saiu com a Glória porque ela era bonita, outros rapazes gostavam dela e ela o satisfazia sexualmente. O seu critério para buscar um relacionamento com ela se compara com o critério para escolher uma calça jeans – me faz sentir bem e valoriza a minha imagem. Glória não estava em melhor posição. Ela gostava do Jeff pois ele era um "prêmio" – ele era simpático e atlético e tinha um carro legal. Eles atendiam as necessidades emocionais e físicas e valorizavam a imagem um do outro.

Mas se eles tivessem se afastado das atitudes do mundo centradas em si mesmas, muitas das "boas razões" para buscar o romance no namoro começariam a desaparecer. E se Jeff e Glória tivessem se perguntado: "Qual é a minha razão *real* para estar romanticamente envolvido com esta pessoa? O que estou procurando que não seria encontrado em uma amizade? Estou egoisticamente procurando a minha própria realização? O que estou comunicando a ele (ou ela)? Estou despertando emoções que não estou pronto para atender? Será que ele (ou ela) vai se machucar se eu permitir que este relacionamento prossiga agora? Este relacionamento irá ajudar ou dificultar o andar dele (ou dela) com Deus?" Precisamos começar a nos fazer este tipo de pergunta. Será que esta atitude focada no outro é mais complicada? Talvez. Mais santificada? Definitivamente. Toda a nossa motivação é transformada quando extraímos o veneno do amor a si próprio.

Mais mudanças ocorrem quando buscamos amar com o amor de Cristo. Jeff e Glória compraram a ideia do mundo de que o amor estava além do controle deles. Os seus sentimentos governavam as suas ações. Eles estavam escravizados ao que 1 João 2:16 chama de "a cobiça da carne" e "a cobiça dos olhos". Eles geralmente usavam o fato de "estarem apaixonados" como uma desculpa para desobedecerem a Deus. No seu relacionamento físico, eles agarraram tudo que podiam – e no final até o que não podiam – dos limites estabelecidos antes do casamento. Acabaram mentindo aos pais e violando a pureza do outro, tudo em nome do amor. Os sentimentos os governavam, e finalmente, quando os sentimentos terminaram, o relacionamento também teve o seu fim.

Mas e se Jeff e Glória se dessem conta de que iriam responder diante de Deus pelas suas ações – independente se estavam "se amando" ou não? Eles teriam mandado os seus sentimentos passearem.

O mesmo é verdade para você e para mim. Precisamos esquecer os nossos instintos pecaminosos! Pela nossa natureza, os nossos instintos querem nos colocar no caminho da destruição. Não deveríamos deixar que os nossos sentimentos determinassem o tom ou o ritmo dos nossos relacionamentos. Ao invés disso, precisamos permitir que a sabedoria e a paciência e a abnegação nos guiem.

"O Amor Deve Ser Sincero"

Ao procurarmos o amor segundo o projeto de Deus, devemos buscar a sinceridade. "O amor deve ser sincero" – esta breve ordem dada em Romanos 12:9 não deixa lugar para nenhum mal entendido. O amor que Deus quer que Seus filhos sigam não tem espaço para a falsidade e hipocrisia – ele tem de ser genuíno e sincero.

Infelizmente, muito do que tem acontecido entre rapazes e moças hoje em dia é insincero. Há sempre uma segunda intenção, um interesse oculto. O que você pode me oferecer? O que eu posso conseguir de você?

Nunca me esquecerei de uma conversa que tive com um grupo de rapazes. Garotas, vocês ficariam espantadas se pudessem ter ouvido. Estes caras estavam discutindo as coisas que um rapaz poderia fazer em um programa a dois para que uma garota ficasse caída por eles. Eles apresentavam cantadas para mexer com o coração e outras para conseguir um beijo. Um rapaz explicou a sua técnica de alternar aconchego com desinteresse e frieza – ele dizia que esta abordagem mantinha a garota insegura e assim ela tentaria o máximo para agradá-lo. Um outro rapaz compartilhou uma maneira para deixar uma garota em um clima romântico. Ele levaria a namorada para uma loja de móveis, e enquanto passeavam pelo mobiliário exposto, ele falaria sobre família e perguntaria quais mesas e sofás ela gostaria de ter em sua casa um dia. "As garotas ficam doidas" ele disse. Ele explicou que com casamento e planos para o futuro em mente, a garota estaria mais propensa a ser romântica e carinhosa durante o passeio.

De forma direta, esta conversa era um estudo sobre manipulação. Tudo era totalmente falso, completamente insincero. Os rapazes não estavam procurando meios de abençoar as garotas. Eles meramente queriam maneiras de apertar botões emocionais para conseguir algo para si mesmos.

Tenho certeza que muitas garotas admitiriam que tem o seu próprio conjunto de truques. Mas independente destas práticas serem tão comuns ou arraigadas na nossa cultura, todos iremos enfrentar juízo devido as cinco palavras dadas por Deus: "O amor deve ser sincero".

Precisamos abraçar a incrível responsabilidade que temos como representante do amor de Cristo aqui na terra. "Com isto todos saberão que vocês são meus discípulos", disse Jesus "se vocês amarem uns aos outros" (Jo 13:35). O mundo saberá que somos diferentes, o mundo terá um relance do divino e salvador amor de Deus pela maneira que nós amamos. Será que os outros verão a sinceridade do amor de Cristo em nossos relacionamentos? Ou verão o mesmo tipo de amor centrado em si mesmo praticado pelo mundo e se virarão para o outro lado decepcionados?

A Prática Faz a Perfeição – ou Perfeitamente Imperfeito

O amor que praticamos no namoro não apenas mostra ao mundo o amor de Cristo, como também nos prepara para os nossos futuros relacionamentos. Ao nos relacionarmos com os outros hoje, formamos padrões que levaremos conosco para o casamento. Por esta razão, devemos praticar não somente o amor sincero, mas também praticar o amor baseado no compromisso.

Nós vemos tantos divórcios e traições na nossa sociedade hoje. Faça um levantamento rápido – quantos de seus amigos vêm de lares desfeitos? Eu acredito que esta tendência apenas aumentará enquanto cada geração começa a praticar cada vez mais cedo o amor de curto prazo no namoro. Parece que o namoro como o conhecemos não nos prepara realmente para o casamento; ao invés disso pode ser um campo de treinamento para o divórcio. Não podemos praticar um compromisso por toda a vida em uma série de relacionamentos de curta duração.

Isso quer dizer que devemos nos casar com a primeira pessoa que namoramos? Não. Precisamos de cuidadosa e cautelosamente considerar o casamento, permanecendo disposto a recuar em um relacionamento se Deus nos mostrar que assim devemos proceder. Não há nenhuma sabedoria em apressar-se para o casamento simplesmente porque ficamos romanticamente ligados a alguém. A disposição mental errada que prevalece hoje, no entanto, não está relacionada à escolha de um cônjuge. Muitos de nós fomos enlaçados pela ideia de que podemos e devemos buscar o romance com um fim em si mesmo. Em outras palavras: "Eu me tornarei íntimo de você porque me faz sentir bem, não porque esteja considerando em oração a questão do casamento". Esta atitude não é justa com a outra pessoa e é uma terrível preparação para o casamento. Quem quer se casar com alguém que irá descartar o relacionamento no momento em que os sentimentos românticos murcharem? Quem quer se casar com uma pessoa que desenvolveu o hábito de terminar o relacionamento e achar uma nova pessoa quando a coisa fica difícil?

Precisamos compreender que o compromisso para a vida toda que tantos de nós desejamos nos nossos futuros casamentos não pode ser praticado ou preparado em um estilo de vida de relacionamentos de curta duração. Até que possamos assumir um compromisso para fazer um relacionamento funcionar para o resto de nossas vidas – sim, é um compromisso enorme – nós fazemos a nós mesmos e aos outros um desserviço ao buscar o amor de curto prazo nesse meio tempo. O verdadeiro amor espera, mas não apenas pelo sexo. Ele espera pelo tempo certo para assumir um compromisso com o tipo de amor de Deus – resoluto, incansável e totalmente compromissado.

ELIMINANDO TRIVIALIDADES

Compromissado, sincero, abnegado, responsável – todas estas palavras descrevem o amor de Deus. E cada uma delas apresenta um forte contraste com o amor praticado pelo mundo. O nosso breve exame nos leva a uma simples conclusão: Não podemos amar como Deus ama e namorar como o mundo namora. A grande visão que Deus tem do amor elimina todas as trivialidades e egoísmos que definem muito daquilo que acontece em um namoro.

Talvez algumas ideias neste capítulo chamaram a sua atenção e você está se perguntando: "Como devo reagir?" Eu tenho algumas ideias. Você poderá achá-las desafiadoras; talvez você discorde. Mas eu devo declarar claramente as minhas convicções neste momento. No meu modo de ver, se o namoro nos estimula a vestir o estilo de amor do mundo, então o namoro deve partir. Se o namoro nos leva a praticar o amor egoísta, governado pelos sentimentos que é contrário ao amor de Deus, nós devemos dizer adeus ao namoro. Devemos parar de tentar encaixar as ideias de Deus em estilos de vida que a sociedade define para nós e permitir que os Seus valores e atitudes redefinam o nosso modo de vida.

Capítulo Cinco

A coisa certa no tempo errado é a coisa errada

Como impedir que a impaciência lhe roube o presente de estar solteiro

Em "O Livro das Virtudes", William J. Bennett conta a história chamada "O Fio Mágico". Neste conto francês nós lemos sobre Pedro, um menino que é forte e capaz mas é atrapalhado pela sua falta de paciência. Sempre insatisfeito com a sua condição do momento, Pedro passa a vida sonhando acordado com o futuro.

Um dia enquanto passeava pela floresta, Pedro se encontra com uma estranha velhinha que lhe dá a mais tentadora oportunidade – a chance de saltar os momentos da vida que sejam entediantes e rotineiros. Ela entrega a Pedro uma bola de prata da qual sai um pequeno fio de ouro. "Este é o fio da sua vida", ela explica. "Se você não encostar nele a sua vida passa normalmente. Mas se você desejar que o tempo passe mais rapidamente, você tem que apenas puxar o fio um pouquinho e uma hora passará como um segundo. Mas atenção, uma vez que o fio tenha sido puxado para fora, ele não pode ser colocado para dentro novamente."

Este fio mágico parece ser a resposta para todos os problemas de Pedro. É tudo o que ele sempre quis. Ele pega a bola e corre para casa.

No dia seguinte Pedro tem a primeira oportunidade de colocar a bola de prata em funcionamento. A aula está arrastada e a professora repreende a Pedro, pois ele não está se concentrando. Pedro pega a bola de prata e dá uma pequena puxada no fio. De repente a professora dispensa a turma e Pedro está livre para sair da escola. Ele fica exultante. Como a vida vai ser fácil de agora em diante. A partir deste momento, Pedro começa a puxar o fio um pouco a cada dia.

Mas logo Pedro começa a usar o fio mágico para apressar porções mais largas da vida. Porque perder tempo puxando o fio somente um pouco quando ele pode puxar mais forte e completar a escola toda de uma vez? Ele assim o faz e se encontra fora da escola como um aprendiz em uma profissão. Pedro usa a mesma técnica para apressar o seu noivado com a amada. Ele não consegue esperar meses para se casar com ela, então usa o fio de ouro para adiantar a chegada do dia do seu casamento.

Pedro continua neste padrão por toda a vida. Quando chegam tempos difíceis e de tribulação, ele escapa deles com o seu fio mágico. Quando o neném chora à noite, quando enfrenta dificuldades financeiras, quando deseja ver os filhos encaminhados em suas próprias carreiras profissionais, Pedro puxa o fio mágico e passa ao largo do desconforto do momento.

Mas infelizmente, quando chega ao fim da sua vida, Pedro se dá conta do vazio da sua existência. Ao permitir que a impaciência e o descontentamento o dirigissem, Pedro roubou de si mesmo os momentos mais ricos e as memórias da vida. Tendo apenas a sepultura à sua frente, ele se arrepende profundamente de ter usado o fio mágico.

Ao apresentar esta história, Sr. Bennett comenta, com muito discernimento: "Com grande frequência, as pessoas querem aquilo que querem (ou o que elas *pensam* que querem, o que normalmente é 'felicidade' de uma forma ou outra) *neste exato momento*. A ironia da sua impaciência é que, apenas ao aprender a esperar e ao possuir uma disposição de aceitar coisas ruins juntamente com as boas, alcançamos aquilo que realmente tem valor."

O NOSSO NAMORO É DITADO PELA IMPACIÊNCIA?

Acho que podemos obter um entendimento valioso através das palavras do Sr. Bennett ao examinarmos as atitudes que guiam o namoro. Ao aplicarmos as suas palavras ao assunto deste livro, nós nos movemos do tópico etéreo do amor a um tema mais concreto: o tempo. *Quando* iremos buscar o romance é um fator relevante para determinarmos se o namoro é apropriado ou não para nós. E só podemos determinar o tempo apropriado para buscarmos o romance quando compreendemos o propósito de Deus para o solteiro e confiar no tempo Dele para relacionamentos.

O namoro como o conhecemos é frequentemente abastecido de impaciência, e podemos relacionar muitos problemas com o namoro devido a uma questão de tempo inadequado. O que queremos, queremos agora. Apesar de não possuirmos um fio mágico para apressarmos os momentos da vida, podemos desenvolver atitudes erradas que têm um efeito similar. Mas Deus quer que apreciemos os presentes da atual época da nossa vida. Ele quer que aprendamos a paciência e a confiança necessária para esperar pelo Seu tempo perfeito em todas as coisas, incluindo a nossa vida amorosa.

Examinemos três verdades simples que podem ajudar a ajustar atitudes erradas em relação à questão do tempo nos relacionamentos:

1. A coisa certa no tempo errado é a coisa errada.

Como ocidentais, não aceitamos prontamente o conceito de uma satisfação adiada. A nossa cultura nos ensina que se algo é bom devemos buscar aproveitá-la imediatamente. Então a nossa comida vai para o micro-ondas, usamos o correio eletrônico (e-mail), e mandamos as nossas encomendas por sedex. Nos esforçamos para escapar à limitação do tempo, acelerando os compromissos, aumentando o nosso ritmo e fazendo o que for necessário para vencer o relógio. Provavelmente você sabe exatamente o que estou querendo dizer. Como você reagiu da última vez que teve de esperar numa fila? Você aguardou pacientemente a sua vez ou ficou impaciente batendo o pé, tentando apressar a experiência?

A nossa mentalidade de "fazer tudo agora" tem afetado tremendamente a questão do tempo nos namoros de hoje. Garotos se envolvem em namoro e até em relações sexuais em idade mais nova a cada dia. Enquanto os jovens se apressam prematuramente a essas atividades de adultos, a maioria das pessoas mais velhas fazem muito pouco para corrigi-los. Afinal, o que os adultos podem dizer quando eles vivem conforme a mesma atitude do "pegue tudo agora?"

Por que insistimos em viver desta forma? Na minha opinião, adotamos a mentalidade da satisfação imediata pois perdemos de vista o princípio bíblico das épocas (veja Eclesiastes 3:1-8). Da mesma forma que o papel da primavera é diferente do papel do outono, assim cada estação da nossa vida tem diferentes ênfases, focos e beleza. Um não é melhor do que o outro; cada época possui os seus próprios tesouros singulares. Não podemos pular fases para experimentar as riquezas de outra época da vida como tampouco um fazendeiro pode apressar a primavera. Cada época é construída com base na anterior.

Deus tem inúmeras experiências maravilhosas que ele quer nos dar, mas Ele também as determinou para épocas específicas da nossa vida. Na nossa limitação humana, frequentemente cometemos o erro de *tirar* uma coisa boa da sua época apropriada para aproveitá-la quando *nós* desejamos. O sexo antes do casamento é um excelente exemplo deste princípio. Sexo em si é uma experiência maravilhosa (conforme o que meus amigos casados me contam), mas se nos aventurarmos nele fora do plano de Deus, nós pecamos. Como uma fruta colhida ainda verde ou uma flor cortada antes de se abrir, as nossas tentativas de apressar o tempo de Deus pode estragar a beleza do Seu plano para a nossa vida.

Só porque algo é bom não quer dizer que devemos buscá-lo neste exato momento. Temos que nos lembrar que a coisa certa no tempo errado é a coisa errada.

2. *Você não precisa sair para comprar aquilo que não tem condições de adquirir.*

O tempo em muitos namoros é equivalente a sair para comprar uma roupa quando não se tem nenhum dinheiro; mesmo que se ache a peça que tenha "ficado perfeita", o que se pode fazer?

No capítulo 3, a terceira "nova atitude" abordou a importância de esperar o tempo de Deus. Ela diz: "A intimidade é a recompensa do compromisso – eu não preciso buscar um relacionamento romântico antes de estar pronto para o casamento".

Poderíamos dizer isso de outro modo: "A intimidade 'custa' compromisso". Se eu não estiver preparado para pagar à vista, com o difícil "dinheiro" do compromisso, eu não tenho nada que "sair fazendo compras" buscando a minha futura parceira.

Antes que duas pessoas estejam prontas para a responsabilidade de compromisso, elas deveriam se contentar com a amizade e esperar pelo romance e pela intimidade. Exercitar esta paciência não os deixará em desvantagem em termos de relacionamento. Na amizade, eles podem praticar as habilidades de se relacionar, cuidar e compartilhar a suas vidas com outras pessoas. Na amizade, eles podem observar o caráter de outras pessoas e começar a ver o que desejarão um dia no seu parceiro. Ao mesmo tempo em que podemos aprender lições valiosas em namoros, precisamos nos certificar de que estes relacionamentos não nos deixem atolados. Gastar tempo demais experimentando o outro como namorado ou namorada pode na verdade desviar ambos da sua tarefa mais importante que é de se preparar para serem bons cônjuges.

Deus tem um plano perfeito para a sua vida. Há boas chances de que este plano inclua casamento, e se for este o caso, em algum lugar do mundo Deus tem a pessoa perfeita para você. Talvez você a conheça ou não. Se você gastar todo o seu tempo e energia tentando caçar esta pessoa ou (se você já a encontrou) segurando-a até que possa se casar, você pode estar, na verdade, prestando um desserviço a esta pessoa. O rapaz ou garota que você irá se casar um dia não precisa de um namorado ou namorada (mesmo que ele ou ela queira um neste momento). O que esta pessoa precisa é de alguém maduro o suficiente para viver a época antes do casamento se preparando para ser uma esposa ou marido devoto.

Façamos um favor aos nossos futuros cônjuges e paremos de "sair para fazer compras" antes da hora.

3. *Qualquer época da vida em que se está solteiro é um presente de Deus.*

A maioria de nós não permanecerá solteiro por toda a vida, e eu acho que devemos ver o estar solteiro como uma época de nossas vidas, um presente de Deus. Deus dá as linhas gerais para uma atitude apropriada em relação ao estar solteiro em 1Co 7:32. A tradução do *The Message* (A Mensagem) diz assim:

> Eu quero que vocês vivam as suas vidas o mais livre de complicações que for possível. Quando estão solteiros, vocês ficam livres para se concentrarem em simplesmente agradar ao Mestre. O casamento o envolve em todas as tarefas da vida doméstica e em querer agradar ao cônjuge, levando a tantas outras demandas da sua atenção. O tempo e a energia que pessoas casadas gastam cuidando e nutrindo um ao outro, os solteiros podem gastar se tornando inteiramente em instrumentos santos para Deus.

Paulo não diz isso para rebaixar o casamento. Ele diz isso para nos encorajar a vermos o estar solteiro como um presente.

Deus não usa o estar solteiro como uma punição. Ele criou esta época como uma oportunidade sem paralelos para o crescimento e serviço que não deveríamos assumir como sendo normal ou permitir que ela passe despercebida.

Alguém disse acertadamente: "Não faça nada a respeito de estar solteiro – faça algo *com* o fato de estar solteiro!" Pare por um minuto e avalie se você está usando o presente de Deus de estar solteiro como Ele deseja. Faça a si mesmo estas perguntas: "Estou concentrado em simplesmente agradar ao Mestre? Estou usando esta época da minha vida para me tornar inteiramente um instrumento santo para Deus? Ou estou lutando para encontrar um relacionamento romântico com alguém? Será que estou desperdiçando o presente de estar solteiro? Estou enchendo a minha vida com complicações e preocupações desnecessárias de um namoro?"

Enquanto estamos solteiros, o namoro não apenas impede de nos prepararmos para o casamento, como tem grandes possibilidades de nos roubar o presente de estar solteiro. O namoro pode nos amarrar em uma série de pseudorrelacionamentos, mas Deus quer que maximizemos a nossa liberdade e flexibilidade para servi-lo. Qualquer época em que se está solteiro é um presente, independente se você tem dezesseis ou vinte e seis anos de idade. Você pode fazer um desserviço a Deus ao desperdiçar o potencial desta época em um estilo de vida de namoros de curta duração.

Você Realmente Confia Nele?

Apesar de apresentadas em uma forma simples, estas três verdades trazem mudanças radicais quando aplicadas no nosso estilo de vida. Para aplicá-las é requerido que esperemos. É isso mesmo; Deus quer apenas que esperemos. Mesmo achando que esta ideia não seja audaciosa, desafiante ou que impressiona, ela é obediente, e a nossa obediência impressiona a Deus.

Esperar pelo tempo de Deus implica em confiar na bondade de Deus. Nós desenvolvemos paciência ao confiar que Deus nos nega coisas boas no presente somente porque Ele tem algo melhor para nós no futuro.

Eu admito – frequentemente tenho dificuldades de confiar em Deus. Quando o assunto é minha vida amorosa, tenho um medo inoportuno de que Ele queira que eu permaneça solteiro para sempre. Ou temo que se Ele me deixar casar, Ele vai me arrumar uma garota por quem não sentiria nenhuma atração.

Sei que estes temores são tolices. Nos meus melhores momentos admito que eu não baseei estes medos na realidade do amoroso e carinhoso Pai Celeste que vim a conhecer. Mas mesmo sabendo que Ele é um Deus bom, muitas vezes permito que a minha falta de fé afete o modo que abordo o namoro.

Temo que Deus me esqueça. Ao invés de confiar no Seu tempo perfeito, frequentemente tento levar as coisas com as próprias mãos. Eu tiro de Deus o calendário da minha vida e começo a anotar freneticamente os meus próprios planos e compromissos. "Deus, sei que você é onipotente e tudo mais", eu digo, "mas acho que você realmente não reparou no fato de que esta garota aqui é o meu destino. Se eu não for atrás dela agora, o meu futuro vai escapulir!" Eventualmente, como uma ovelha, devolvo a programação do meu tempo, energia e atenção, dizendo: "É claro que confio em Você, Senhor, mas apenas acho que Você poderia estar precisando de uma mãozinha".

O Namoro e Docinhos

Um artigo na revista *Time* deixou uma imagem gravada em minha mente: uma criancinha sentada sozinha em um quarto, com os olhos fitos em um docinho. Esta foto estranha capta os sentimentos que tenho no conflito de confiar em Deus para cuidar do meu futuro estado civil.

O tema do artigo não era relacionado com namoro – e nem com docinhos. Era sobre uma pesquisa feita com crianças. Os primeiros parágrafos diziam assim:

A coisa certa no tempo errado é a coisa errada

Ao que tudo indica um cientista pode prever o futuro ao observar crianças de quatro anos de idade interagirem com um docinho. O pesquisador convida as crianças, uma de cada vez, em um quarto comum e começa o seu gentil tormento: "Você pode comer este docinho agora", ele diz, "mas se você esperar até que eu resolva um assunto, você poderá ficar com dois docinhos quando eu voltar". E então ele vai embora.

Algumas crianças agarram o doce no minuto que ele sai pela porta. Outros duram alguns minutos antes de desistirem. Mas outros estão determinados a esperarem. Eles cobrem os olhos; abaixam a cabeça; ficam cantarolando; tentam brincar ou até mesmo caem no sono. Quando o pesquisador retorna, ele dá a estas crianças os seus "suados" docinhos. E então a ciência aguarda até que cresçam.

Quando as crianças chegam ao ensino médio, algo impressionante aconteceu. Uma enquete entre os pais e professores das crianças levantou que aqueles que, aos quatro anos de idade, tiveram a firmeza para esperar pelo segundo docinho geralmente se tornavam adolescentes mais ajustados, mais populares, aventureiros, confiantes e de confiança. As crianças que logo caiam na tentação eram mais suscetíveis a serem solitários, teimosos e se frustravam facilmente. Eles se dobravam sob pressão e se intimidavam com desafios.

Obviamente, a moral da história é que desenvolver o caráter necessário para adiar uma satisfação em pequenas áreas pode se traduzir em grande sucesso em outras áreas. Mas as crianças de quatro anos de idade no estudo não sabiam disso. Eles não resistiram ao docinho desejando obter melhores notas no ensino médio. Eles superaram a vontade de comer o docinho porque eles tinham fé – eles podiam vislumbrar o momento quando o simpático homem de roupa branca retornaria com dois docinhos. Eles perseveraram porque eles tinham confiança.

Esta história realmente me encoraja. Algumas vezes enquanto espero pelo tempo de Deus para o romance, enfrento os mesmos conflitos internos que aqueles garotinhos devem ter enfrentado. Como o docinho que atrai a atenção do menino, o namoro me chama pelo nome. E deixe-me dizer isso, parece uma *delícia*.

Por que eu não pego logo? E por que você não? Porque Deus prometeu algo melhor. Ele provê algo melhor *agora* ao aproveitarmos as oportunidades únicas de estar solteiro, e ele proverá algo melhor *depois* quando entrarmos no casamento. Mas precisamos ter fé para crer nisso. Como aquelas criancinhas, somos deixados a sós com algo que poderia nos satisfazer imediatamente. E não conseguimos enxergar a recompensa de adiar a nossa satisfação.

Isso nos leva à seguinte questão: Você confia em Deus? Não me venha com uma resposta pronta da escola dominical. Você realmente confia Nele? Você vive a sua vida como se confiasse Nele? Você crê que abrindo mão de algo bom agora por ser a *hora errada* Deus irá trazer algo melhor quando for a *hora certa*?

Jim e Elisabeth Elliot enfrentaram esta difícil questão no seu relacionamento apaixonado. Eles se amavam profundamente, mas ainda assim colocaram a vontade de Deus acima de seus próprios desejos. Em *Paixão e Pureza,* a Sra. Elliot escreve assim:

> Estávamos sendo confrontados a confiar o planejamento aos cuidados de Deus. O plano supremo de Deus era tão além da nossa imaginação como o carvalho é além da imaginação de seu pequeno fruto. Este fruto faz aquilo para que foi criado, sem importunar o seu Criador com perguntas sobre quando e como e por que. A nós, que recebemos uma inteligência e uma vontade e uma variedade de desejos que podem ser estabelecidos contra o divino Padrão do Bem, é pedido que acreditemos Nele. Nos é dada a chance de confiar Nele, quando Ele nos diz: "...quem perde a sua vida por minha causa a encontrará".

A coisa certa no tempo errado é a coisa errada

Quando a encontraremos? Nós perguntamos. A resposta é: *Confie em Mim.*
Como a encontraremos? A resposta novamente é: *Confie em Mim.*
Porque deveria permitir que eu me perca? Nós insistimos. A resposta é: *Olhe para o fruto do carvalho e confie em Mim.*

DEUS SABIA O QUE ERA O MELHOR

Muitas pessoas compreendem tarde demais que não alcançamos o contentamento como um destino mas que devemos desenvolver o estar contente como um estado de espírito. Paulo nos diz em 1 Timóteo 6:6 que "...a piedade com contentamento é grande fonte de lucro". E em Filipenses 4:11 ele escreve "... aprendi a viver contente em toda e qualquer situação". Qual é o segredo de Paulo?

Paulo o compartilha conosco: "Tudo posso Naquele que me fortalece" (Filipenses 4:13). Paulo confiou que Deus o daria a força para enfrentar *qualquer* situação que enfrentasse. Do mesmo modo, nós podemos estar contentes quando confiamos na força de Deus e na graça de Deus para nos sustentar em qualquer circunstância. Independente de você estar solteiro ou casado; independente se alguém gosta de você, se é amado ou se é solitário; a chave para o contentamento é a confiança. Acredite se quiser, se estivermos insatisfeitos com o fato de estarmos solteiros, é mais provável que enfrentaremos a insatisfação quando estivermos casados. Quando definimos a nossa felicidade em algum ponto no futuro, ela nunca chegará. Nós ficaremos esperando até amanhã. Se permitirmos que a impaciência nos governe, nós perderemos o presente deste momento. Chegaremos naquele ponto no futuro que esperávamos que nos trouxesse realização plena e descobriremos que ela continua faltando.

Uma senhora me escreveu, frustrada com o fato de as pessoas normalmente verem uma mulher solteira como se estivesse apenas esperando até que o homem certo aparecesse. "Pobre mulher solteira!" Ela continuou. "O mundo quer que ela tenha relações sexuais impuras, e a igreja quer que ela se case!" O que aconteceu com o que Paulo disse sobre a benção de ser solteiro? William Booth, o fundador do Exército da Salvação, escreveu: "Não instile, nem permita que alguém instile no coração de suas meninas a ideia de que o casamento é o maior propósito da vida. Se você fizer isso, não se surpreenda se elas noivarem com o primeiro tolo, vazio e inútil, que aparecer na frente delas". Mulheres (e homens) deveriam se casar quando é claramente a vontade de Deus para a sua vida, não porque não conseguem ministrar de outro jeito, ou por causa de pressão social." Só posso acrescentar um entusiasmado "Amém!" aos seus comentários.

O autor John Fischer, falando como um jovem adulto solteiro disse: "Deus me chamou para viver agora, não daqui a quatro anos. Ele quer que eu realize todo o meu potencial como homem neste momento, que eu seja grato por isso, e que eu o aproveite ao máximo. Tenho uma impressão que uma pessoa solteira que está sempre desejando que estivesse casado, provavelmente se casará, descobrirá tudo que está envolvido, e desejará que estivesse solteiro novamente. Ele se perguntará: "Por que não usei aquele tempo, quando não tinha tantas outras obrigações, para servir ao Senhor? Porque não me entreguei totalmente a Ele naquela época?

Ao invés de tolamente apressarmos o casamento por causa da impaciência ou de um dia lembrarmos de nossa época como solteiro com remorso, vamos nos comprometer a usar o fato de estarmos solteiros no seu potencial máximo. Estar solteiro é um presente. Vamos nos alegrar nele e aproveitar as suas oportunidades hoje. Vamos praticar a confiar em Deus buscando o Seu reino e a Sua justiça de todo o nosso coração e deixar o planejamento com Ele.

Nesta vida nós não entenderemos tudo o que Ele faz. Mas sabemos que no final, o Seu tempo perfeito será revelado. Em um poema denominado "Sometime" (Algum dia), May Riley

A coisa certa no tempo errado é a coisa errada

Smith expressa de forma linda a perspectiva do paraíso que um dia iremos possuir:

> Um dia, quando todas as lições da vida foram aprendidas,
> E o sol e estrelas se recolheram para sempre,
> As coisas que os nossos fracos julgamentos aqui desprezaram,
> As coisas sobre as quais nós nos afligimos com açoites,
> Irão se iluminar à nossa frente, saindo da noite escura da nossa vida,
> Como as estrelas brilham em tons mais profundos de azul;
> E veremos como todos os planos de Deus são corretos,
> E o que parecia reprovável era o amor mais verdadeiro.
> Então esteja contente pobre coração;
> Os planos de Deus, como lírios, puros e brancos, desabrocham;
> Não devemos abrir a força as folhas ainda fechadas. –
> O tempo revelará os cálices de ouro.
> E se, através do trabalho perseverante, alcançarmos a terra
> Onde pés cansados, com as sandálias desamarradas, poderão descansar,
> Quando veremos e compreenderemos claramente,
> Acho que iremos dizer: "Deus sabia o que era o melhor!"

Você acredita que Deus sabe o que é o melhor? Então coloque o calendário da sua vida aos Seus pés e permita que Ele controle a programação dos seus relacionamentos. Confie Nele mesmo que isso implique em não namorar quando as outras pessoas acham que você deveria. Quando Deus souber que você está pronto para a responsabilidade do compromisso, Ele lhe revelará a pessoa certa sob a circunstância certa.

"Só eu conheço os planos que tenho para vocês", Deus diz diretamente, "prosperidade e não desgraça e um futuro cheio de esperança" (Jr 29:11). Vivamos o nosso *hoje* para o seu reino e confiar o nosso *amanhã* à sua providência. Não poderíamos depositar o nosso futuro em melhores mãos. Tudo que temos que fazer é confiar.

Capítulo Seis

A direção da pureza

COMO ACHAR O CAMINHO PARA A RETIDÃO

Quando eu estava no ensino médio participei de um retiro de final de semana da igreja em que discutimos o tema da pureza sexual. Durante uma sessão o nosso pastor pediu a todos os estudantes que preenchessem anonimamente fichas que permitiriam que ele soubesse "quão longe" os adolescentes tinham ido fisicamente. Ele definiu uma escala para usarmos, determinando números para cada nível de intimidade física baseado na sua seriedade. As atividades iam de beijos leves no número um até relação sexual no número dez. O nosso pastor pediu que anotássemos o número mais alto que havíamos alcançado.

Depois de colocar a minha ficha em uma cesta, saí em fila da sala de aula com dois amigos. Nunca me esquecerei da conversa que se seguiu. Um de meus amigos olhou para o outro e disse piscando os olhos: "E aí cara, até que número você alcançou?"

Rindo, o meu outro amigo disse que havia alcançado um oito, quase nove. Então esses caras continuaram nomeando as garotas no grupo de adolescentes com quem eles tinham atingido determinados números.

Flertando Com a Escuridão

Meus dois amigos exemplificam como a nossa compreensão da pureza está obscurecida nos dias de hoje. Nós valorizamos a pureza muito pouco e a desejamos muito tarde. Mesmo quando tentamos declarar a sua importância, tornamos as nossas palavras sem valor por causa das nossas ações contraditórias. Desejamos a pureza nos nossos relacionamentos? Nós dizemos que sim. Mas será que vivemos o tipo de vida que estimula esta pureza? Infelizmente, não com a frequência necessária. "Faz-me casto" orou Agostinho, "mas ainda não". Semelhante a ele, nós temos uma consciência que nos acusa, mas uma vida sem mudanças. Se fôssemos honestos conosco, muitos de nós admitiríamos que não estamos realmente interessados em nada relacionado com pureza. Ao invés disso, ficamos satisfeitos ao cumprir os requisitos mínimos, contentes em gastar o nosso tempo em "áreas cinza", flertando com a escuridão e nunca tendo coragem de nos aproximarmos da luz da retidão.

Como inúmeros cristãos, meus dois amigos insensatamente viam a pureza e a impureza separadas por um ponto fixo. Enquanto não cruzassem a linha e fossem "até o fim", eles acreditavam que ainda estavam puros. A verdadeira pureza, no entanto, é uma direção, uma busca persistente e determinada pela retidão. Esta direção começa no coração e a expressamos em um estilo de vida que foge das oportunidades de comprometer os nossos valores.

Um Pequeno Passo de Cada Vez

Se verdadeiramente desejamos viver vidas puras, não podemos nos permitir desviar da busca pela retidão nem por um segundo. Uma história ocorrida na vida do Rei Davi mostra como um desvio pode ser perigoso. Poucas histórias na Bíblia me enchem tanto de temor como a queda de Davi ao pecar com Bate-Seba. Se um homem reto como Davi pôde cair em

A direção da pureza

adultério e assassinato, quem sobre a face da terra pode se dizer a salvo da tentação? Davi andava em comunhão íntima com Deus como poucos já conheceram. Como um menino pastor e como o rei do povo de Deus, ele escreveu os salmos – louvores e petições que incentivam e inspiram os cristãos até o dia de hoje. Davi se deleitava no seu Criador, O adorava, confiava Nele e se agradava Dele. O próprio Deus disse que Davi era um "homem segundo o meu coração" (At 13:22).

Como que um homem com tais credenciais poderia descer tão profundamente no pecado e na impureza?

Um pequeno passo de cada vez.

O mergulho de Davi no pecado não ocorreu em um único pulo. Como todas as jornadas no pecado, a jornada de Davi na iniquidade começou com um movimento quase imperceptível de afastar-se de Deus.

Quando primeiramente notamos a deslizada de Davi na direção do pecado, nós o vemos no terraço do palácio, mas ele já tinha criado o contexto para o seu passo errado em uma decisão anterior. Era a primavera de um novo ano, uma época em que os reis comandavam os seus exércitos na guerra. Mas neste ano, Davi não foi para o campo de batalha com o seu exército. Em vez disso, ele ficou em casa. A escolha pode ter sido trivial, até mesmo justificável, mas o fato é que Davi não estava onde ele *deveria estar* – ele não estava na linha de frente lutando as batalhas de Deus.

Isso era pecado? Não de uma forma escandalosa, mas era um pequeno passo para fora do plano de Deus.

Você já deve ter ouvido pessoas dizerem que uma mente vazia é oficina do diabo, e assim foi com Davi. A energia que ele deveria ter extravasado no campo de batalha precisava de uma válvula de escape. Inquieto, ele caminha no terraço do palácio. De lá ele viu uma mulher se banhando. Ao invés de virar os olhos, ele cedeu aos seus desejos e continuou a observá-la.

Mais um passo.

Por que ele continuou a olhar? Ele já havia visto o corpo de uma mulher antes, pois já havia se casado muitas vezes. Mas ele cobiçou. O pecado veio na forma de um pensamento – Davi desejou aquela que não pertencia a ele. Ao invés de rejeitar a maldade deste pensamento, ele o agasalhou, permitindo que permanecesse na sua mente.

Se você é como os demais seres humanos, você já enfrentou momentos como este. Enquanto discorre a respeito dos prós e contras de se dobrar à tentação, você tem que tomar uma decisão. Você irá permanecer ou não dentro dos claros limites de Deus?

A esta altura da história de Davi, ele poderia ter interrompido a sua jornada em direção ao pecado. Ao invés disso, os seus passos hesitantes naquela direção se transformaram em uma corrida. Ele permitiu que a luxúria tomasse conta. Davi agiu baseado na sua fantasia pecaminosa, mandou buscar Bate-Seba e dormiu com ela.

O inocente pastor era agora um adúltero.

Surgiram complicações. Bate-Seba enviou uma mensagem dizendo que estava grávida. O seu marido havia estado longe de casa por um bom tempo – ele não poderia ser o pai da criança. Certamente que o marido de Bate-Seba, e talvez toda a nação, descobririam a indecência de Davi. Apressadamente e em pânico, Davi tentou acobertar o pecado, mas as suas tentativas falharam. Temendo um certo escândalo, Davi assinou uma carta que selava a morte do marido de Bate-Seba, um dos soldados mais fiéis de Davi.

O salmista era agora um assassino.

Como que Davi, um homem segundo o coração de Deus, se tornou um adúltero e assassino? Quando foi que ele cruzou a linha da pureza? Foi no momento em que ele tocou em Bate-Seba ou quando ele a beijou? Aconteceu no momento em que ele a viu se banhando e escolheu assistir ao invés de se afastar? Quando foi que a pureza terminou e a impureza começou?

Como você pode ver através da história de Davi, a impureza não é algo em que se entra de repente. Ela acontece quando tiramos Deus do foco. Frequentemente em namoros, a impureza começa muito antes dos momentos de paixão no banco de trás de um carro. Ao invés disso, ela começa no nosso coração, nas nossas motivações e atitudes. "Mas eu lhes digo: qualquer que olhar para uma mulher para desejá-la, já cometeu adultério com ela no seu coração" (Mt 5:28). O pecado começa na nossa mente e coração.

Temos que entender a pureza como uma busca de retidão. Quando a vemos meramente como uma linha, o que nos impede de irmos o mais perto possível da beirada? Se o sexo é a linha, qual é a diferença entre segurar a mão e dar um "amasso" em alguém? Se o beijo é a linha, qual a diferença entre um beijinho de boa noite e quinze minutos de um apaixonado beijo?

Se queremos realmente buscar a pureza, então precisamos nos colocar na direção de Deus. Não podemos simultaneamente explorar os limites da pureza e buscar a retidão – elas apontam em direções opostas. A verdadeira pureza foge o mais rápido e o mais longe possível do pecado e do comprometimento dos seus valores.

Coração e Caminho

Se quisermos levar vidas puras, então precisamos compreender que a pureza não acontece por acaso. Pelo contrário, devemos constantemente buscar a direção da pureza. O Livro de Provérbios nos mostra que processo contínuo envolve duas coisas – o nosso coração e os nossos pés.

No Livro de Provérbios, o espírito sedutor da impureza e comprometimento dos valores é simbolizado por uma adúltera traiçoeira. Nós somos advertidos de que "ela tem sido a desgraça de muitos homens e tem causado a morte de tantos, que nem dá para contar" (Pv 7:26). Apesar do Rei Salomão ter escrito estas palavras centenas de anos atrás, esta "mulher" continua a nos espreitar ainda hoje. Ela engana o inocente com promessas de prazer, mas na verdade ela deseja nada mais que a destruição da sua vítima. Ela já arruinou inúmeras vidas – tanto homens como mulheres – com a sua deslealdade. Por toda a história ela tem aleijado os justos. "Se você for à casa dessa mulher" a Bíblia adverte solenemente, "estará caminhando para o mundo dos mortos, pelo caminho mais curto" (Pv 7:27). Independente de quão bons possam ser as vítimas da impureza, ou quão santas podem ter sido no passado, se colocarem um pé na casa dela, eles estarão acelerando em direção à morte em uma rodovia sem saídas. Você já fez uma conversão errada em uma rodovia e depois descobre que tem que andar muitos quilômetros antes de achar um retorno? Se já aconteceu, você provavelmente sentiu a gravidade do seu erro. Não dá para reduzir, não dá para retornar, você só pode continuar rapidamente se afastando do seu destino. Quantos cristãos em namoros se sentiram da mesma forma ao lutarem com um acelerado envolvimento físico? Eles querem sair, mas a sua própria paixão pecaminosa os leva cada vez mais longe da vontade de Deus.

Como evitar o laço da impureza? Como escapar ao espírito de adultério? Aqui está a resposta: "Não deixe que uma mulher como essa ganhe o seu coração; não ande atrás dela" (Pv 7:25). Viver uma vida pura diante de Deus requer o trabalho conjunto dos seus pés e do seu coração. A direção da pureza começa no íntimo; você deve apoiá-la em decisões práticas do dia a dia a respeito de onde, quando e com quem você escolhe estar. Muitos casais têm feito compromissos de pureza sexual, mas ao invés de adotarem um estilo de vida que apoia este compromisso, eles continuam relacionamentos que incentivam uma expressão física e os coloca em situações perigosas. O caminho que você toma com os seus pés nunca deveria contradizer as convicções do seu coração.

A Pureza Em Ação

Se desejamos pureza temos de lutar por ela. Isso significa ajustar as nossas atitudes e mudar o nosso estilo de vida. Os se-

A direção da pureza

guintes indicadores nos ajudarão a manter a direção da pureza tanto com o coração quanto com os pés.

1. Respeitem o profundo significado da intimidade física.

Nunca entenderemos a exigência de Deus por pureza sexual até que apreciemos as profundas implicações espirituais e emocionais da intimidade física.

Muitos não cristãos veem o sexo como uma função corporal do mesmo nível que coçar as costas de outra pessoa. Eles se envolvem sexualmente no momento e com quem eles desejarem. Enquanto que este estilo de vida é uma afronta a valores bíblicos, muitos cristãos tratam expressões menores de intimidade física com a mesma falta de respeito. Eles consideram que beijar, segurar, ou acariciar uma outra pessoa como não sendo algo importante. Mesmo que tenhamos padrões mais altos do que os pagãos à nossa volta, eu temo que também tenhamos perdido o significado mais profundo da intimidade sexual.

"Os homens têm a tendência de verem o físico mais como uma experiência", disse uma boa amiga minha certa vez: "O ponto de vista de uma garota é muito diferente", ela explicou: "Beijar e acariciar um ao outro significa algo muito precioso e profundo para uma mulher", ela disse: "É o nosso modo de expressar a nossa confiança, o nosso amor, o nosso coração ao homem que amamos. Isso nos deixa muito vulneráveis".

A intimidade física é muito mais do que dois corpos se colidindo. Deus projetou a nossa sexualidade como uma expressão física da unidade do casamento. Deus a guarda cuidadosamente e coloca muitas condições, pois a considera extremamente preciosa. Um homem e uma mulher que comprometem as suas vidas um ao outro no casamento ganham o *direito* de expressarem-se sexualmente um ao outro. Um marido e uma esposa podem usufruir do corpo do outro pois na essência eles se pertencem. Mas se você não está casado com alguém, você não tem nenhum direito sobre o corpo daquela pessoa, nenhum direito à intimidade sexual.

Talvez você concorde com isso e planeja guardar o sexo para o casamento. Mas na sua opinião, você considera que atividades íntimas como beijar, abraços e carícias como sendo de menor relevância. Mas precisamos nos fazer uma pergunta séria. Se o corpo de outra pessoa não nos pertence (isto é, se não estamos casados), que direito tenho de tratar a pessoa que namoro diferentemente de como uma pessoa casada trataria uma outra que não fosse o seu cônjuge?

"Mas", você poderá dizer: "Isso é completamente diferente". Será que é mesmo? A nossa cultura nos programou para achar que estarmos solteiro nos dá o direito de aprontar, experimentar as pessoas emocionalmente e sexualmente. Como não estamos casados com nenhuma pessoa, podemos fazer o que quisermos com qualquer um.

Deus tem uma visão muito diferente. "Honre o casamento, e guarde a santidade da intimidade sexual entre esposa e marido", Ele ordena (Hb 13:4, na versão *The Message*).

A honra em relação à santidade da sexualidade entre o marido e a esposa começa *agora*, não apenas depois do dia do casamento. O respeito pela instituição do casamento deve nos motivar a protegê-lo contra a violação enquanto solteiros. Podemos fazê-lo ao reconhecer o profundo significado da intimidade sexual – em qualquer nível – e nos recusar a roubar estes privilégios antes do casamento.

2. Defina os seus padrões muito alto.

Nos primeiros dias do seu ministério, Billy Graham experimentou uma profunda preocupação quanto à desconfiança pública em relação aos evangelistas. Como que ele poderia pregar o evangelho para as pessoas que o consideravam como uma fraude? Ao considerar esta questão, ele notou que a maioria das pessoas não confiava nos evangelistas devido à falta de integridade destes, particularmente na área da sexualidade. Para combater isso, ele e o círculo mais próximo de homens

que realizavam as cruzadas evitavam oportunidades de estarem à sós com mulheres que não fossem as suas esposas.
Pense nisso por um momento. Que coisa inconveniente! Será que estes homens realmente temiam que cometessem adultério no momento em que se achassem à sós com uma mulher? Será que não estavam indo longe demais?
Deixaremos que a história responda a questão por nós. Nos últimos cinquenta anos, o que tem sacudido e desmoralizado mais à igreja do que a imoralidade de líderes cristãos? Que crente pode manter a cabeça erguida quando a conduta escandalosa de muitos tele-evangelistas é mencionada? Mas até não crentes honram o nome de Billy Graham. O Sr. Graham conquistou o respeito do mundo pela sua fidelidade e integridade. Como é que Billy Graham fez isso enquanto tantos outros falharam? Ele colocou os seus padrões muito alto – ele foi acima e além do chamado da retidão.
Apenas conseguimos alcançar a retidão fazendo duas coisas – destruindo o pecado no seu estágio embrionário e fugindo da tentação. O Sr. Graham fez ambas as coisas. Ele cortou a oportunidade para o pecado na raiz, e fugiu até da possibilidade de comprometimento de seus valores.
Deus nos chama ao mesmo zelo pela retidão em relacionamentos antes do casamento. Isso se parece com o quê? Para mim e muitas outras pessoas que conheço, tem significado rejeitar o namoro típico. Eu saio com grupos de amigos; eu evito sair individualmente com uma garota pois incentiva uma intimidade física e me coloca em uma situação isolada com ela. Será que não consigo lidar com isso? Será que não tenho nenhum autocontrole? É, talvez eu consiga lidar com a situação, mas não é esta a questão. Deus diz: "Fuja dos desejos malignos da juventude e siga a justiça, a fé, o amor e a paz, juntamente com os que, de coração puro, invocam o Senhor" (2Tm 2:22). Eu não vou ficar aguardando para ver o quanto de tentação que eu aguento. Deus não se impressiona com a minha habilidade de enfrentar o pecado. Ele fica mais impressionado com a obediência que demonstro quando fujo dele.

Para casais que se encaminham para o noivado ou aqueles que já estão noivos, os mesmos princípios se aplicam. Definam os seus padrões mais altos do que o necessário. Corte o pecado pela raiz. Até que vocês estejam casados – e eu quero dizer até que vocês tenham caminhado pelo corredor central da igreja e feito os votos – não ajam como se os seus corpos pertencessem um ao outro.

Talvez você ache que eu esteja levando esta ideia muito adiante. Talvez você esteja dizendo: "Você tem que estar brincando. Um beijinho não me levará a um determinado pecado". Deixe-me desafiá-lo a pensar mais um pouco sobre este assunto. Por um momento considere a possibilidade que até a mais inocente forma de expressão sexual fora do casamento pode ser perigosa.

Deixe-me explicar por que eu penso desta maneira. A interação física nos incentiva a começar algo que não devemos terminar, despertando desejos que não estamos autorizados a consumar, acendendo paixões que devemos apagar. Que estupidez! A Bíblia nos diz que o caminho do pecado, particularmente relacionado ao uso errado da nossa sexualidade, é como uma rodovia para a morte. Não devemos pegar esta estrada e então tentar parar antes de chegarmos ao destino – Deus nos diz para ficarmos completamente fora daquela rodovia.

Deus projetou a nossa sexualidade para funcionar dentro da proteção e compromisso do casamento. Deus fez o sexo para terminar em consumação completa. Cada passo ao longo da sexualidade pura – de um relance inicial entre um marido e uma esposa até um beijo – potencialmente leva em direção à unidade física. No casamento, as coisas devem progredir – as coisas estão autorizadas a "saírem do controle".

E eu realmente acredito que antes do casamento não conseguimos evitar de abusar deste presente de Deus, que é o sexo, a não ser que escolhamos ficar totalmente fora deste caminho. Em Colossenses 3:5 nós lemos: "Assim, façam morrer tudo o que pertence à natureza terrena de vocês: Imoralidade sexual, impureza, paixão, desejos maus..." O pecado tolerado é pecado agasalhado – ele cresce e ganha força. Tiago nos diz que: "Cada um, porém, é tentado pela própria cobiça, quando por esta é arrastado e seduzido. Então a cobiça, tendo engravidado, dá à luz o pecado; e o pecado, após ter-se consumado, gera a morte" (Tg 1:14-15). Se começarmos a progressão do pecado e permitirmos que ela continue, ele logo crescerá ficando fora nosso controle. Apenas mantendo os nossos padrões muito altos e matando o pecado no seu estágio infantil é que evitaremos a destruição que ele provoca.

3. Faça a pureza dos outros a sua prioridade.

Uma das melhores formas de manter uma vida pura é atentar para a pureza dos outros. O que você pode fazer para proteger os seus irmãos e irmãs em Cristo da impureza? O que você pode dizer para incentivá-los a manter os seus corações na direção da retidão?

O apoio e a proteção que você pode oferecer a amigos do mesmo sexo é importante, mas a proteção que você pode dar a amigos do sexo oposto é de valor incalculável. Quando o assunto é pureza em relacionamentos – tanto física quanto emocional – garotas e rapazes normalmente fazem o outro tropeçar. Você pode imaginar a retidão que poderia surgir se ambos os sexos assumissem a responsabilidade de protegerem--se mutuamente?

Vejamos maneiras específicas em que isto pode ser realizado.

A Responsabilidade do Rapaz

Rapazes, chegou a hora de nos posicionarmos em defesa da honra e da retidão das nossas irmãs. Precisamos parar de agir como "caçadores" tentando pegar garotas e começar a nos ver como guerreiros a protegê-las.

Como podemos fazer isso? Primeiro, devemos entender

que garotas não lutam com as mesmas tentações que as nossas. Nós enfrentamos mais os impulsos sexuais enquanto elas lutam mais com as emoções. Podemos ajudar a guardar os seus corações sendo sinceros e honestos na nossa comunicação. Precisamos prometer eliminar toda espécie de paquera e recusar a fazer joguinhos e levá-los adiante. Temos de redobrar a atenção para certificarmos que nada do que dizemos ou fazemos estejam provocando sentimentos ou expectativas inadequadas.

Um bom amigo, Matt Canlis, exemplificou esta ideia de guardar a pureza de uma garota em seu relacionamento com Julie Clifton, a mulher com quem ele agora está casado. Muito antes deles buscarem o casamento, ambos se sentiram profundamente atraídos um ao outro. Mas durante um certo tempo, Deus deixou claro para Julie que ela deveria se concentrar Nele e não se distrair com o Matt.

Apesar do Matt não saber disso naquela época, ele fez da sua prioridade proteger o coração de Julie durante este tempo de espera, mesmo se achando pessoalmente interessado nela. Matt controlou o seu desejo de paquerar a Julie. Ele abriu mão de oportunidades de gastar tempo sozinho com ela, e quando eles estavam em um ambiente de grupo ele se refreou de destacá-la dos demais e de se concentrar demais nela. Ele evitou qualquer coisa que poderia dificultar a Julie se concentrar em servir a Deus. Esta época não durou para sempre, e eventualmente Matt e Julie noivaram. Almocei com ambos algumas semanas antes do seu casamento. Julie explicou como ela estava grata pelo fato do Matt ter maturidade suficiente para colocar as suas necessidades acima das dele próprio. Ao priorizar a pureza emocional e espiritual dela, Matt ajudou a Julie concentrar a sua mente e o seu coração em Deus. Se Matt tivesse agido egoisticamente, ele poderia ter distraído a Julie e arruinado o que Deus queria realizar através da vida dela.

A direção da pureza

Que exemplo de amor fraternal! Tenho vontade de chorar quando penso nas inúmeras vezes que negligenciei minha responsabilidade de proteger o coração das garotas. Ao invés de fazer o papel de um guerreiro, eu fiz o de um ladrão, roubando o foco de Deus para mim mesmo. Estou determinado a agir melhor. Eu quero ser o tipo de amigo de quem o futuro esposo da garota poderia um dia dizer: "Muito obrigado por vigiar o coração da minha esposa. Muito obrigado por proteger a sua pureza".

A Responsabilidade da Garota

Garotas, vocês têm um papel de igual importância. Lembram-se da mulher adúltera que discutimos antes? O trabalho de vocês é impedir que seus irmãos sejam arrastados pelo charme dela. Por favor, estejam atentas de quão fácil as suas ações e olhadelas podem despertar a luxúria na mente de um rapaz.

Talvez vocês não se deem conta disso, mas nós rapazes na maioria das vezes lutamos com os nossos olhos. Acho que muitas garotas inocentemente não percebem as dificuldades que um rapaz enfrenta para continuar puro quando olha para uma menina que se veste indecentemente. Não quero determinar o seu modo de vestir, mas falando honestamente, eu seria abençoado se mais garotas considerassem mais do que a moda quando saíssem para comprar roupa. Sim, os rapazes são responsáveis em manter o autocontrole, mas você pode ajudar ao se recusar a vestir roupas desenhadas para atrair a atenção para o seu corpo.

Eu sei que o mundo diz que se você tem um corpo bonito, você deve exibi-lo. E nós homens temos apenas ajudado a alimentar esta mentalidade. Mas acho que você pode participar na reversão desta tendência. Conheço muitas garotas que ficariam muito bem em saias mais curtas ou blusas mais apertadas, e elas sabem disso. Mas elas decidiram se vestir com decência. Elas assumiram a responsabilidade de protegerem os olhos dos seus irmãos. A estas mulheres e a outras como estas, sou muito grato. "E consideremo-nos uns aos outros para incentivar-nos ao amor e às boas obras" (Hb 10:24). É tempo de começar a ver a pureza de outras pessoas como nossa responsabilidade.

A Beleza da Pureza

Para encerrar, deixe-me perguntar isso: Você pode enxergá-la? Você pode ver a beleza da pureza? Caso afirmativo, você irá lutar por ela na sua própria vida assim como na vida das outras pessoas?

Sim, isso requer trabalho. A pureza não acontece por acaso; ela requer obediência a Deus. Mas esta obediência não é muito pesada nem opressora. Temos apenas que considerar as opções para a impureza para vermos a beleza de andar na vontade de Deus. A impureza é uma lente encardida que cobre a alma, uma sombra que bloqueia a luz e escurece o nosso semblante. O amor de Deus pelos impuros não cessa, mas a habilidade deles de aproveitarem este amor é travada. Pois pela nossa impureza somos afastados Dele. O pecado e as suas violações nunca são encontrados próximos do Seu trono – eles somente obtêm vantagem quando nos afastamos do Seu esplendor.

Afastados da presença de Deus ficamos completamente desprotegidos contra a terrível destruição do pecado. Sem pureza, o presente da sexualidade dada por Deus se torna um jogo perigoso. Um relacionamento destituído de pureza logo é reduzido a nada mais do que dois corpos se agarrando e exigindo prazer. Sem pureza, a mente se torna escrava da depravação, lançada para todo lado em desejos e fantasias pecaminosas.

O que é necessário para que vejamos a beleza da pureza? Pureza é a entrada para o esplendor da criação de Deus. "Quem subirá ao monte do Senhor? Quem há de permanecer no seu santo lugar? O que é limpo de mãos e puro de coração..." (Sl 24:3-4 – Revista e Atualizada da Soc. Bíblica Brasileira). A pureza nos introduz na presença de Deus. "Bem-aventurados os puros de coração, pois verão a Deus" (Mt 5:8). Somente os puros podem ver a Sua face. Somente os puros podem ser vasos do Seu Santo Espírito.

Você vê a beleza e o poder e a proteção da pureza? Você quer tudo isso? Você deseja tanto que até dói? Você está pronto para se negar aos prazeres do momento para viver uma vida pura focalizada em Deus? Que o seu amor por Ele o incentive a uma busca apaixonada pela retidão por toda a vida.

Capítulo Sete

Um passado purificado:
O Quarto

Como Jesus pode redimir o seu passado

Normalmente eu não compartilho os meus sonhos, mas eu gostaria de falar sobre um que mexeu muito comigo.

Como cristãos, nós "sabemos" certas coisas como "Jesus me ama" e "Cristo morreu pelos pecadores". Nós já ouvimos estas frases inúmeras vezes, mas a poeira da familiaridade pode ofuscar a glória destas verdades simples. Temos que tirar o pó e nos lembrar do poder que elas possuem, capaz de transformar vidas.

Um sonho que tive numa noite úmida ao visitar um pastor em Porto Rico me fez lembrar destas verdades. Ele resumia o que Jesus Cristo fez por mim e por você.

Eu o compartilho aqui pois precisamos de nos relembrar da graça de Deus, após um capítulo sobre a importância de lutar pela pureza. Para alguns, inclusive eu, uma discussão sobre a pureza é um exercício de remorso – ela nos lembra da nossa impureza e das vezes em que falhamos.

Talvez você tenha estragado tudo. Talvez você reflita nas ações passadas e estremeça de remorso. A pureza parece ser uma causa perdida. Este sonho, chamado de "O Quarto", é dedicado a você.

Eu disse adeus ao namoro

    Naquele estado entre estar acordado e estar sonhando, me encontrei em um quarto. Não havia nada que chamasse a atenção exceto por uma parede coberta de arquivos de gaveta com fichas. Eles eram como aqueles de biblioteca que listam os livros por autor ou assunto em ordem alfabética. Mas estes arquivos, que iam do chão ao teto e parecia não ter fim em cada lado, tinham cabeçalhos muito diferentes. Ao me aproximar da parede de arquivos, o primeiro a me chamar a atenção foi um intitulado "Garotas de quem eu gostei". Eu o abri e comecei a passar o olho nas fichas. Rapidamente eu fechei a gaveta, chocado pelo fato de reconhecer os nomes que estavam escritos em cada ficha.
    E então sem ninguém me contar, eu soube exatamente onde estava. Este quarto sem vida com os seus pequenos arquivos era um sistema de catalogação da minha vida. Aqui estavam anotadas as ações de cada momento meu, grande ou pequeno, com um detalhe que a minha memória não poderia igualar.
    Fui tomado por uma sensação de admiração e curiosidade, acompanhada de horror, aquando comecei a abrir arquivos aleatoriamente e explorar os seus conteúdos. Alguns me trouxeram alegria e agradáveis memórias; outros uma sensação de vergonha e arrependimento tão intensa que até olhava por cima do ombro para ver se havia alguém observando. Um arquivo chamado "Amigos" estava ao lado de um marcado "Amigos a quem traí".
    Os títulos variavam de mundano até os mais esquisitos. "Livros que eu li", "Mentiras que contei", "Conforto que ofereci", "Piadas de que eu ri". Alguns eram até hilariantes na sua exatidão: "Coisas que gritei contra os meus irmãos". De outros eu não pude rir: "Coisas que fiz movido pela raiva", "Coisas que murmurei contra meus pais". Eu sempre ficava surpreso pelo conteúdo. Frequentemente havia muito mais fichas do que eu esperava. Algumas vezes havia menos do que eu desejava.
    Fui esmagado pelo volume completo de vida que havia vivido. Haveria a possibilidade de eu ter tido o tempo nos meus vinte anos de escrever cada uma destas milhares, possivelmente

milhões, de fichas? Mas cada ficha confirmava esta verdade. Cada uma delas estava escrita com a minha própria caligrafia. Cada uma assinada com a minha assinatura.

Quando eu abri o arquivo chamado "Canções que ouvi", eu me dei conta de que os arquivos cresciam em profundidade para caber o seu conteúdo. As fichas estavam guardadas bem apertadas, e ainda assim ao final de dois ou três metros, ainda não tinha chegado ao fundo da gaveta. Eu a fechei, envergonhado, nem tanto pela qualidade da música, mas pela enorme quantidade de tempo que eu sabia que aquele arquivo representava.

Quando cheguei a um arquivo chamado "Pensamentos Impuros", senti um frio correr pelo corpo. Abri o arquivo apenas uns dois centímetros, sem querer testar o seu tamanho. Arrepiei com o conteúdo detalhado. Me senti mal só de pensar em que um momento como aquele tinha sido registrado.

De repente senti uma raiva quase animal. Um pensamento dominava a minha mente: "Ninguém jamais deverá ver estas fichas! Ninguém jamais deverá ver este quarto! Tenho que destruí-las!" Com uma fúria insana puxei o arquivo para fora. O seu tamanho não importava agora. Eu tinha que esvaziá-lo e queimar as fichas. Mas ao pegar o arquivo numa ponta e batê-lo no chão, não consegui deslocar nenhuma ficha. Fiquei desesperado e tirei uma ficha, apenas para descobrir que ela era forte como o aço quando tentei rasgá-la.

Derrotado e absolutamente desamparado, guardei o arquivo no seu lugar. Apoiando a testa contra a parede, soltei um longo suspiro de autocomiseração. E então eu o vi. O título dizia: "Pessoas a quem compartilhei o evangelho". O puxador estava mais brilhante que aqueles ao seu redor, mais novo, quase sem uso. Eu puxei a gaveta e saiu na minha mão uma pequena caixa de no máximo oito centímetros de comprimento. Eu podia contar as fichas em uma mão.

E então vieram as lágrimas. Comecei a chorar. Os soluços eram tão profundos que a dor começava no estômago e

me sacudia todo. Caí de joelhos e chorei. Gritei sem constrangimento, por causa da esmagadora vergonha de tudo aquilo. As fileiras de gavetas dos arquivos giravam em meus olhos cheios de lágrimas. Ninguém jamais deveria saber deste quarto. Eu devia trancá-lo e esconder a chave. Mas então, ao limpar as lágrimas, eu O vi. Não, por favor, Ele não. Não neste lugar. Ô, qualquer um, menos Jesus. Eu assistia, sem poder fazer nada, enquanto ele começava a abrir os arquivos e ler as fichas. Eu não aguentava ver a Sua reação. E nos momentos em que consegui olhar na sua face, eu vi uma tristeza mais profunda do que a minha. Parecia que Ele intuitivamente ia para as piores caixas. Por que Ele tinha que ler cada uma delas?
Finalmente Ele se virou e me olhou lá do outro lado do quarto. Ele olhou para mim cheio de compaixão nos olhos. Mas esta era uma compaixão que não me deixou irado. Abaixei a cabeça, cobri o meu rosto com as mãos e comecei a chorar de novo. Ele se aproximou e colocou o Seu braço em volta de mim. Ele poderia ter dito tantas coisas. Mas não disse uma palavra. Apenas chorou comigo.
Depois Ele se levantou e voltou para a parede de arquivos. Começando em uma ponta do quarto, ele tirou um arquivo e, de um em um, começou a assinar o Seu nome em cima do meu em cada cartão.
"Não" eu gritei, correndo em sua direção. Tudo que consegui dizer foi: "Não, não" enquanto tirava a ficha da sua mão. O nome Dele não deveria estar nestas fichas. Mas lá estava ele, escrito em vermelho tão rico, tão escuro, tão vivo. O nome de Jesus cobria o meu. Estava escrito com o Seu sangue.
Ele delicadamente pegou a ficha de volta. Ele sorriu um sorriso triste e continuou a assinar as fichas. Acho que jamais compreenderei como Ele o fez tão rapidamente, mas no próximo instante parecia que Ele fechava o último arquivo e voltava para o meu lado. Ele colocou

Um passado purificado: O Quarto

a sua mão no meu ombro e disse: "Está consumado". Me levantei, e Ele me guiou para fora do quarto. Não havia tranca na porta. Ainda havia fichas a serem preenchidas.

Para pecadores como você e eu, existe uma boa notícia: Cristo pagou a nossa dívida. Ele cobriu o nosso pecado com o Seu sangue; Ele se esqueceu do passado. A pureza começa hoje. "Portanto, deixemos de lado as obras das trevas e revistamo-nos da armadura da luz" (Rm 13:12). Reconhecidamente alguns terão mais para deixar de lado do que outros – mais memórias, mais sofrimentos, mais desgosto. Mas o passado não precisa determinar o futuro. Nós temos escolhas neste momento sobre como viveremos. Será que vamos colocar o nosso coração em Deus e andar em Seus caminhos? "Comportemo-nos com decência", continua a passagem de Romanos, "...não em orgias e bebedeiras... Pelo contrário, revistam-se do Senhor Jesus Cristo e não fiquem premeditando como satisfazer os desejos da carne" (Rm 13:13-14).

Nenhum de nós pode se apresentar diante de Deus completamente puro. Todos somos pecadores. Mas independente de quão imundos sejam os trapos da nossa violação, em um momento de verdadeira entrega, o coração voltado para Deus perde a sua impureza. Deus nos veste na retidão de Cristo. Ele não vê mais os nossos pecados, Ele transfere a pureza de Jesus para nós. Então se veja como Deus o vê – vestido de branco radiante, puro, justificado.

Talvez você tenha um momento específico na memória que continua a atormentá-lo, algo que faz com que não se sinta merecedor do amor e perdão de Deus. Não permita que o passado seja vencedor. Esqueça-o. Não fique revivendo aquele momento ou outros como aquele. Se você se arrependeu de todos aqueles comportamentos, Deus prometeu que não mais se lembraria deles (Hb 8:12). Siga em frente. Uma vida de pureza o aguarda.

Parte Três

Construindo um Novo Estilo de Vida

Capítulo Oito

Passando a limpo o que ficou para trás

Quatro passos importantes para ajustar-se aos planos de Deus

Há algumas ocasiões em que precisamos derrubar algo para construi-lo bem. Recentemente meu pai e meu irmão mais novo, Joel, foram ao aniversário de Stephen Taylor, um dos melhores amigos de Joel. Foi uma ocasião muito especial. Stephen estava fazendo treze anos e seu pai queria que sua entrada na fase adulta fosse algo memorável. Bons presentes não seriam suficientes; o pai de Stephen queria compartilhar com ele a sabedoria. Para que ele conseguisse fazer isto, ele pediu a todos os pais que acompanhassem seus filhos à festa trazendo um presente especial – uma ferramenta que representasse a área de trabalho de cada um.

Cada pai deu a Stephen sua ferramenta juntamente com uma "lição de vida" para a "caixa de ferramentas" de princípios que Stephen usaria em sua vida. Meu pai deu a Stephen uma caneta de excelente qualidade e explicou que uma caneta não somente serviria para ele escrever suas ideias mas também representaria sua palavra quando assinasse um contrato.

Durante a distribuição dos presentes, um pai que era um construtor profissional deu a Stephen uma pequena caixa. "Dentro desta caixa está a ferramenta que eu mais uso", ele disse. Stephen a abriu e encontrou uma ferramenta para tirar pregos.

"Esta simples ferramenta de tirar pregos", o pai explicou, "é uma das ferramentas mais importantes que eu tenho". Este pai contou a história de como uma vez, quando construía uma parede, ele descobriu que ela estava rachada. Ao invés de parar a construção e refazer um pedaço da parede, ele decidiu continuar na esperança de que o problema desaparecesse conforme continuava o serviço. Entretanto, o problema só piorou. Eventualmente, com grande perda de material e tempo, ele teve de derrubar a parede completamente e reconstrui-la totalmente.

"Stephen", o pai disse solenemente, "haverá vezes na vida em que você perceberá que cometeu um erro. Você terá então duas alternativas: poderá engolir seu orgulho e 'tirar alguns pregos', ou poderá continuar de forma tola o seu curso, esperando que o problema se vá. A maioria das vezes o problema só tende a piorar. Estou lhe dando esta ferramenta para que se lembre deste princípio: Quando você notar que cometeu um erro, a melhor maneira de consertá-lo é derrubando tudo e reconstruindo".

Construindo um Estilo de Vida Santo

A lição da ferramenta de tirar pregos é muito importante para todos nós que construímos nossos relacionamentos baseados em atitudes e padrões de namoros imperfeitos. Para muitos, consertar as coisas exige que derrubemos o que há de errado. Em alguns casos, isto significa terminar com os relacionamentos errados.

Quaisquer que sejam as suas circunstâncias, os seguintes passos são importantes para iniciar e manter um estilo de vida santo nos relacionamentos.

1. Passando a limpo o que ficou para trás.

Se quisermos construir um estilo de vida santo, devemos primeiramente nos arrepender de atitudes e comportamentos pecaminosos em nossos relacionamentos. A Bíblia usa a palavra *arrepender-se* para descrever a mudança de caminho do que é errado para buscar o que é certo. O arrependimento é uma mudança de direção baseada na mudança do coração. Você tem sido egoísta nos relacionamentos? Em caso afirmativo, considere admitir seu egoísmo e corrigi-lo. Você não tem sido firme e cuidadoso na área da pureza? Então talvez você precise pedir a Deus que o perdoe e buscar meios de reverter o seu curso. Você está atualmente envolvido em um relacionamento que sabe que é errado, independentemente da razão? Então peça a Deus que lhe dê a coragem de fazer a Sua vontade, que talvez seja terminar este relacionamento.

Terminar um Relacionamento é Algo Difícil de Fazer

> Danny, um rapaz de dezoito anos, sabia que precisava acertar seus problemas no relacionamento com Trisha fazendo uma só coisa: terminar o relacionamento. Eles namoravam há mais de sete meses, e durante este tempo seu envolvimento físico passou dos limites. Eles não queriam isto mas não importava quantas regras criavam sobre até onde ir, eles sempre acabavam indo mais longe. Nenhum deles estava pronto para se casar e no fundo, nem ele e nem Trisha achavam que eram um para o outro. Trisha seria iludida se eles continuassem com este relacionamento.
> Alguns destes fatores fizeram com que fosse mais fácil terminar o relacionamento? Não, este aspecto turbulento dos relacionamentos sempre será complicado. Mas lembre-se de que continuar num relacionamento inadequado somente aumenta a dor quando ele finalmente termina. Tenha a coragem de obedecer agora. A obediência irá preservar você de muita tristeza e remorso no futuro.
> Quando terminamos um relacionamento, precisamos nos lembrar de algumas coisas importantes. Primeiro, acabe

de fato com ele. Não deixe nenhuma ligação ou futura possibilidade de ficarem juntos novamente. Vocês devem concordar em ficar bem longe um do outro por um tempo depois de terminarem. No caso de Danny, ele sentia vontade de ligar para Trisha depois que terminaram "só para bater um papo" ou convidá-la para sair "em nome dos velhos tempos". Mas fazendo isto eles reavivariam os velhos sentimentos e abririam velhas feridas. Embora não fosse fácil, ele sabia que ele e Trisha teriam de terminar o relacionamento de uma vez por todas.

Ajustando o Foco de um Relacionamento

Um dia Sheena percebeu que o relacionamento com um de seus amigos da igreja estava ficando cada vez mais sério. Eles não estavam namorando mas sempre acabavam participando dos mesmos grupos e também conversavam bastante ao telefone. Quando Sheena percebeu a situação, ela decidiu sentar-se com seu amigo e compartilhar sua preocupação: "Eu gostaria de continuar sua amiga, mas acho que nos concentramos demais um no outro". Embora Sheena lutasse para ter coragem para dizer isto, esta conversa ajudou-os a colocar o relacionamento no rumo certo.

Passar a limpo nem sempre significa terminar um relacionamento. Algumas vezes é somente reajustar o foco deste relacionamento para evitar que ele vá numa direção errada.

Seja Humilde

Quando Jonathan terminou com Kara, ele não tentou destacar como ela também foi culpada pelos problemas em seu relacionamento. "Não teria sido um pedido de desculpa", ele disse. Ao contrário, ele pediu a ela que o perdoasse por forçar o lado físico do relacionamento. "Eu disse a ela que tinha sido um péssimo exemplo de cristão e que cria que Deus desejava que nós terminássemos o relacionamento." Se você tiver de terminar o relacionamento ou reajustar o foco, dirija-se a pessoa de forma humilde, enfatizando seu desejo de agradar a Deus. Se você magoou a pessoa, confesse sua culpa e peça perdão. Não racionalize ou dê desculpas. Somente peça perdão.

2. Faça de Seus Pais Seus Parceiros

Você precisará de duas coisas para dar continuidade à sua nova atitude em relação aos relacionamentos: sabedoria e prestação de contas. É ideal que estas duas qualidades venham de seus pais. Você precisa de seu pai e de sua mãe. (Sei que nem todos têm a oportunidade de se beneficiarem dos relacionamentos com os pais, mas mesmo assim, creia que aprenderá muito dos pais ou do responsável por você).

Por que digo que precisamos ter sabedoria e prestar contas aos pais? Porque hoje vejo como errei *não* confiando nos meus pais no passado. Quando eu estava no segundo grau, eu escondia meus relacionamentos de meus pais. Se eu gostasse de alguém, nunca contava a meus pais. Temia que se me envolvesse com alguém eles colocariam tudo a perder. Que erro! Escondendo minha vida amorosa de meus pais, eu colocava uma barreira na fonte de sabedoria dada por Deus e que poderia me preservar de tantos erros.

Passei os últimos anos aprendendo como ser aberto e honesto com meus pais em relação aos meus interesses românticos. Fazendo isto, descobri algo inacreditável: minha mãe e meu pai estão do meu lado! Que alívio por contar a eles pelo que estou passando! Estas conversas não têm de ser embaraçosas ou causarem confrontos. Chego a meus pais e digo: "Estou pensando em tal coisa. O que vocês acham dela?" Ou "Fico meio distraído por causa de tal pessoa. Vocês podem orar por mim?"

Eu disse adeus ao namoro

Quando discuto abertamente meus pensamentos e sentimentos com meus pais, eles me lembram do compromisso que fiz (uma linda garota me faz esquecer dele facilmente!) Eles também oram por mim e me dão conselhos. Mas eles não farão isto a menos que eu decida envolvê-los ativamente e buscar a sua sabedoria. Tive ideias maravilhosas agindo assim e acho que você também as teria. Eu os desafio a fazer de seus pais seus parceiros.

Quando o Pai e a Mãe Não Estão Por Perto

Conforme falei anteriormente, percebo que algumas pessoas não têm a opção de envolverem os pais desta maneira. Talvez seus pais sejam divorciados, incrédulos ou sem interesse algum de se envolverem. Ou talvez você more longe de casa.

Se você se encontra em algumas destas situações, por favor, compreenda que Deus pode lhe dar todo o apoio de que você necessita. Ele faz isto através de Seu Espírito Santo e através das vidas de outros cristãos em sua igreja local. Se você precisar de um mentor que lhe dará sabedoria e a quem prestar contas sobre seu relacionamento, peça a Deus que mostre a quem recorrer. Quando Deus trouxer um mentor para sua vida, busque a opinião da pessoa. Se você ainda não estiver envolvido em uma igreja, procure uma e peça um homem ou mulher de Deus mais velhos que possam fazer este papel de pai e mãe adotivos conforme você navega no mar dos relacionamentos românticos.

Independentemente de suas circunstâncias, não perca tempo. Desenvolva uma equipe de apoio para ajudá-lo a se manter no caminho.

3. Estabeleça Seus Limites de Proteção.

Depois de formar uma "equipe", você precisará estabelecer limites e diretrizes para seus relacionamentos com o sexo oposto. Reúna-se com seu pai e sua mãe ou um mentor e faça perguntas como: "Em que consiste um ambiente romântico? Quando é adequado que eu saia com alguém e quando isto levaria a uma intimidade prematura?" Pense em algumas das situações que poderiam acontecer. O que fazer quando alguém se sente atraído por você ou vice e versa? Quanto tempo você deve passar com alguém do sexo oposto? Quanto tempo devem passar juntos sozinhos ou num grupo?

Estabelecer limites assim irá permitir que você reaja de forma confiante a diferentes situações. Por exemplo, eu me comprometi em evitar situações que pudessem levar à tentação. Para mim, ficar sozinho numa casa vazia é uma destas situações. Então criei um limite a respeito deste assunto: não irei à casa de uma garota se não houver alguém lá. Se uma garota me ligar e me convidar para ir até lá e mencionar que seus pais não estão, eu não tenho de considerar a situação ou orar a respeito – já sei que não aceitarei o convite.

As regras em si não mudarão nossos corações, mas quando mudamos de atitude, os limites de proteção podem nos ajudar a manter o curso.

4. Verifique quem está sussurrando em seu ouvido.

Finalmente, fique de olho em suas influências. A quem ou o que você ouve, lê ou assiste, irá encorajá-lo ou conflitar com seu compromisso de buscar o melhor de Deus nos relacionamentos.

Lembro-me de ter conversado com uma garota na igreja que comentou como se sentia insatisfeita depois de assistir a um filme romântico. "Ele me faz pensar: Por que isto não acontece comigo?" Ela disse.

Há alguma coisa em sua vida que lhe cause este tipo de descontentamento? Em caso afirmativo, talvez você devesse considerar eliminar algumas destas coisas. Talvez você precise parar de ler livros românticos e assistir a novelas de televisão porque eles causam sentimentos que não procedem de Deus. Talvez você deva desligar o rádio porque a maior parte das músicas atuais exalta a falsa definição de amor. Você deveria desligar seus programas de televisão favoritos porque eles debocham de sua crença sobre a pureza. Não tolere o que lhe causar descontentamento ou o abandono de seus valores. Desligue tudo.

Você irá perceber que um princípio semelhante se aplica a passar tempo demais com amigos que são obcecados por namoro. Não estou dizendo que você deva descartar seus amigos porque eles o encorajam a insistir no namoro, mas acho que você deveria estar consciente de como seus amigos afetam seus pensamentos. Faça a seguinte pergunta a si mesmo: Estas pessoas estão me afetando negativamente? Como eu posso ser uma influência positiva neles sem comprometer minhas convicções? A resposta talvez seja passar menos tempo com certas pessoas ou escolher passar mais tempo em outros ambientes. Ore por estes amigos e ame-os, mas avalie honestamente a influência deles sobre você. E peça a Deus que traga pessoas para a sua vida que lhe dará apoio para os seus padrões e convicções.

VIVA O QUE FOI APRENDIDO

O pastor A. W. Tozer certa vez pregou um sermão muito convincente a sua congregação. Uma pessoa que ouviu este sermão lembra-se que o pastor poderia ter enchido o altar de pessoas arrependidas e chorando convulsivamente. Mas Tozer não tinha interesse em uma demonstração de emoções. Ao contrário do apelo ao altar, Tozer disse a congregação para irem embora da igreja bem tranquilamente. "Não venham aqui à frente e chorem por seus problemas", falou firmemente. "Vá para casa e viva o que foi aprendido!"

A instrução de Tozer é perfeita para nós. Embora pareça difícil a primeira vista, os quatro passos que apresentei neste capítulo são uma parte vital para se construir um novo estilo de vida. Eles não só nos ajudarão a ter um começo mais sólido, mas também, o mais importante de tudo, eles nos ajudarão a manter estes princípios – "vá para casa e viva o que foi aprendido".

Podemos começar o primeiro passo reajustando os relacionamentos que saíram do seu curso ou terminar aqueles que estão errados. Para obtermos tudo de bom que Deus tem guardado para nós, precisamos abandonar os pecados e erros passados. Também precisamos de uma equipe – pais ou outros amigos crentes – a quem podemos prestar contas e que nos irão encorajar. Sejamos humildes o suficiente para pedirmos seus conselhos e correção. E sejamos honestos o suficiente para admitir que precisamos de limites de proteção em nossas vidas para nos manter afastados da tentação e envolvimentos que comprometam nossas convicções. Finalmente, avaliemos honestamente a influência do que assistimos, do que ouvimos e daqueles com quem saímos. Seguir estes passos ativamente irá nos ajudar a colocar nossas convicções em prática.

Sim, iremos enfrentar muitas perguntas. Como podemos ter amizades com o sexo oposto sem nos envolver romanticamente? O que fazer quando nos sentimos atraídos ou até mesmo apaixonados por alguém? E como explicar que não estamos namorando àqueles ao nosso redor? Vamos examinar estes e outros assuntos nos próximos três capítulos.

Capítulo Nove

Apenas amigos no mundo do 'Simplesmente Faça'

CHAVES PARA CULTIVAR RELACIONAMENTOS COM O SEXO OPOSTO FORA DO "TERRENO ROMÂNTICO"

Você encontra alguém do sexo oposto. Esta pessoa chama muito a sua atenção. Uh-oh! Então você começa a realmente conhecer a pessoa e descobre que ela ou ele tem uma personalidade maravilhosa também. Uh-oh duplo.

O melhor de tudo é que a pessoa quer conhecer você melhor. Um grande uh-oh!

Se você tomou a decisão de deixar o romance de lado até que esteja pronto para se casar, o que você faz numa situação como esta? Se você não vai se envolver no jogo do namoro, qual é o plano então?

A resposta simples é ser apenas amigos. Fácil, certo? Não exatamente. Talvez esta situação fosse mais fácil se Deus nos tivesse criado sem um coração, sem emoções e imunes à atração. Mas Ele não fez isto. A maioria de nós tem de lidar com estes três conforme cambaleamos no confuso processo para achar o equilíbrio entre duas opções extremas: nos atirar numa relação romântica com cada pessoa que chame nossa atenção ou correr de medo dos membros do sexo oposto. Não é nada fácil encontrar este equilíbrio. O meio termo pode parecer algo como uma corda esticada sobre um abismo.

Naturalmente Confuso

Ser "apenas bons amigos" é algo naturalmente confuso. Com toda a honestidade, eu ainda não entendi isto completamente. O romance corre em minhas veias e nem sempre é fácil controlá-lo. Mesmo quando gostaria de manter um relacionamento platônico com uma garota, luto para não cometer um erro.

Onde fica a linha entre o relacionamento e "mais do que bons amigos?" A busca da resposta me faz lembrar uma propaganda de pirulito que assistia quando eu era pequeno. Talvez você conheça. Um garotinho tem um pirulito nas mãos e uma pergunta muito importante: Quantas vezes preciso lamber para chegar ao meio do recheio do pirulito?

Ele faz esta pergunta a uns animais mas ninguém sabe a resposta. Eles o levam à coruja. A coruja saberia; corujas são espertas.

Então o garoto faz sua pergunta à coruja, que está assentada na árvore como um guru no topo de uma montanha: "Quantas vezes preciso lamber para chegar ao meio do recheio do pirulito?"

A coruja pensa, pega o pirulito e tira o papel.
Ela lambe uma vez. "Uma", ela conta.
Ela lambe novamente. "Duas", ela conta.
Ela lambe uma terceira vez. "Três".

E de repente, ela deixa a paciência de lado e morde o pirulito até o meio. Entregando o palito vazio do pirulito para o garoto, a coruja anuncia sua resposta à intrigante pergunta: "Três".

A coruja me deixava louco quando eu era pequeno. Eu tinha pena do menino. Ele não só perde seu pirulito como também fica sem a resposta para a sua pergunta.

Quando eu penso na amizade com as garotas, me sinto como o menino da propaganda! Não quero chegar ao recheio do romance – quero ser simplesmente amigo. Mas não sei quantas atenções uma amizade entre um rapaz e uma garota pode suportar antes que tenhamos cruzado a linha entre a amizade e a "mais que amizade".

Não estou levantando esta preocupação porque tenho medo do romance. Muito pelo contrário, anseio pelo dia em que amarei uma garota e farei o melhor para que ela fique apaixonada. Mas até que este dia chegue, quero me concentrar no serviço a Deus em minha vida de solteiro. Para manter este curso, decidi evitar namorar para não ter de ficar preso a nada.

Mas algumas vezes minhas amizades chegam "no recheio!"

Você já percebeu que uma amizade passou sutilmente para o romance? Se isto já aconteceu com você, você sabe como é difícil evitar esta situação. Numa hora vocês são amigos e de repente seu coração dá um arranque. Você suspira quando pensa na pessoa. Você se pega sonhando acordado com o próximo encontro com este "amigo/a". Ou quando você está num grupo de amigos e esta pessoa começa a conversar com alguém, você sente... algo. Ciúme? Posse?

Você tenta compreender. "Por que eu me sentiria assim? Somos somente bons amigos. Somos irmãos em Cristo..." Pode dizer o que quiser, mas você sabe que no fundo "mordeu o recheio".

Amigos Para Sempre

Para minha grande vergonha, tenho um arquivo das minhas histórias de "mordidas no recheio" – amizades com garotas que foram complicadas, e até mesmo destruídas porque ficamos românticos. Vou compartilhar algumas destas histórias aqui para ajudar a mostrar como a "mordida no recheio" se desenvolve.

Com dezessete anos, tinha acabado de sair de um relacionamento sério que durou dois anos. Este relacionamento me mostrou em primeira mão as armadilhas do namoro. Minha ex-namorada era, e é, uma pessoa maravilhosa, mas terminamos nosso namoro com muitas mágoas. Mas eu tinha agora a chance de recomeçar e estava determinado a evitar os mesmos erros do passado. Desenvolvi um plano bem simples: Até que me sentisse preparado para o casamento e encontrasse a garota certa, seria somente amigo dos membros do sexo oposto.

É mais fácil falar do que fazer.

Tinha boas intenções mas também uma compreensão ingênua da natureza das amizades entre os sexos. A esta altura, eu achava que a amizade com uma garota significava não beijá-la ou não namorar oficialmente. Tinha muito o que aprender.

Com minha compreensão limitada, eu embarquei no meu novo enfoque em relação à amizade com as garotas. Não demorou muito para que eu testasse minhas ideias. Conheci Chelsea no verão antes do final do segundo grau. Ela também estava participando do *The Summit*, um acampamento de treinamento de liderança cristã que estava acontecendo num hotel antigo da virada do século na cidade de Colorado Springs, no Colorado. Eu e Chelsea nos encontramos na escada um dia no intervalo entre as aulas. Ela era uma linda morena do Kansas que irradiava integridade. Uma crente firme que vinha de uma família cristã. Ela era tão americana como uma torta de maçã – tipo atlética e aventureira. Definitivamente era um caso de "gostar" à primeira vista.

Durante o acampamento passamos a nos conhecer melhor, conversando na fila do almoço e jogando tênis nos dias de esporte. Ficamos mais chegados ainda quando nós e um grupo de alunos fizemos uma caminhada até o topo de uma montanha. Durante a caminhada, Chelsea me contou sobre sua vida na cidade pequena onde seu pai era advogado. Eu contei para ela sobre minha vida no Oregon. Conforme conversávamos, sentia-me feliz por ter encontrado uma garota com quem poderia me divertir sem cair nas armadilhas do namoro.

Infelizmente, meu desejo de ser "apenas amigos" não era tão forte quanto meus hábitos de não ultrapassar a linha do romance. Sentia-me atraído por Chelsea e, ao invés de ficar satisfeito com meu relacionamento e manter nossa amizade no contexto de um grupo, eu a convidei para almoçar fora. Ela aceitou e dois dias antes do acampamento terminar, fomos de ônibus até o centro da cidade. Passamos a tarde perambulando em lugares turísticos cheios de bugigangas e pinturas baratas. Numa loja de bijuterias, fizemos colares para nos lembrar um do outro.

O namorico foi o Erro Número Um. Na minha opinião, sair para almoçar não é grande coisa mas neste caso foi um sinal do meu interesse em Chelsea, que nos colocou num ambiente movido à romance e nos fez com que nos sentíssemos um casal. Eu fiz com que nossa relação fosse além da amizade.

Mas naquela época, eu estava cego para estas coisas. Na realidade, me sentia orgulhoso de mim mesmo. No meu entender, eu e Chelsea não tínhamos feito nada de mais. Pelo amor de Deus! Não fizemos nada além de andar de mãos dadas! Como estudantes "maduros" estávamos acima da tendência adolescente de namorar no acampamento e depois terminar quando voltássemos para casa. Dissemos a nós mesmos e aos amigos do acampamento que éramos apenas amigos.

Entretanto, a verdade era que eu queria mais. Eu queria a sensação do romance e o consolo de que gostavam de mim. No dia seguinte, eu escrevi um bilhete para Chelsea dizendo que não conseguiria aguentar que nossa amizade terminaria quando terminasse o acampamento. Mesmo morando tão longe um do outro, poderíamos continuar nos correspondendo? Ela concordou.

Este foi o Erro Número Dois. Claro que escrever cartas é legal. Já escrevi para vários amigos, rapazes e garotas, depois de acampamentos. Mas eu e Chelsea fizemos mais do que nos corresponder. Durante meses escrevemos um para o outro quase todos os dias. O relacionamento não só nos custou uma pequena fortuna de correio mas se tornou algo quase obsessivo.

Para qualquer pessoa racional, éramos obviamente mais do que amigos. Mesmo terminando nossas cartas com "amigos para sempre", estas palavras continham um tom romântico. Usávamos "estou com saudade" e "não paro de pensar em você" inúmeras vezes em cada carta. Em uma delas, Chelsea escreveu: "Amo você em Cristo" em letras fosforescentes na parte de cima de cada página.

Somente amigos? Tá bom!

Quando olho para trás, fico surpreso como justifiquei minhas ações. "Como isto poderia estar errado?" eu pensava. "Moramos a quilômetros de distância um do outro, nunca nos beijamos e não podemos namorar!" O que não conseguia perceber era que não precisamos ser vizinhos para buscarmos uma intimidade prematura. E não precisamos sair juntos para ultrapassar os limites da amizade; os correios permitem que façamos isto apesar da distância.

O relacionamento não terminou bem. Nosso relacionamento ficou mais sério. Até mesmo tomamos o avião para visitar o outro. Mas começamos a ver que tínhamos menos em comum do que pensávamos no princípio. Nosso desejo romântico encobria nossas incompatibilidades.

Quando Chelsea encontrou outro rapaz na escola e começou a ser "somente amiga" dele, eu fiquei com ciúmes. Não podíamos avaliar nossa "amizade" objetivamente, magoamos os sentimentos um do outro e nossas cartas morreram juntamente com nosso relacionamento – outro romance prematuro terminou em corações partidos.

Acabei caindo na mesma situação que estava determinado a evitar.

Como isto foi acontecer? Quando nossa amizade se transformou em algo mais? Será que poderia ser amigo de uma garota ou isto era completamente impossível?

AS POSSIBILIDADE DE UMA AMIZADE ENTRE UM RAPAZ E UMA GAROTA

Embora eu não tivesse conseguido andar na linha tênue entre a amizade e o romance com as garotas, eu creio de verdade que rapazes e garotas podem ter uma amizade rica e não romântica. Na verdade, é importante termos este tipo de amizade. O apóstolo Paulo instrui seu filho espiritual, Timóteo, a tratar as mulheres jovens "como irmãs, com toda pureza" (1Tm 5:2). Paulo sabe que Timóteo se relaciona com mulheres diariamente e por causa disto, ele exorta Timóteo a buscar uma atitude santa e pura. Nós precisamos também buscar estas coisas.

A amizade de um rapaz e uma garota pode ser pura, inspiradora e educacional. Quando interajo com minhas amigas, tenho uma perspectiva feminina da vida, aprendo coisas valiosas que teria deixado passar despercebido com minha mente limitada de macho. Lembro-me de ter recebido um bilhete de uma amiga em que ela fazia uma lista de vários versículos preferidos da Bíblia. Eu tentava memorizar alguns versículos e quando eu procurava os versículos que esta amiga tinha escrito, percebi que eu tinha desenvolvido um plano de memória tendencioso. Todos os versículos que eu havia decorado tinham a ver com o inimigo, derrotar o diabo e vencer a tentação. Os dela enfatizavam a fé simples em Deus, serviço e confiança em Sua bondade. Embora ela não ficasse sabendo, sua perspectiva do nosso Pai Celeste me ajudou a equilibrar minha compreensão de Deus.

Talvez você mesmo tenha ganho algo igualmente valioso de uma amizade com o sexo oposto. Este tipo de amizade pode nos ajudar a ver a vida de uma perspectiva diferente. Elas têm o potencial para nos desafiar espiritualmente e nos encorajar a crescer.

O Abuso de Algo Inofensivo

Devemos aproveitar os benefícios das amizades entre rapazes e garotas, mas não devemos esquecer seus limites. Se quisermos aproveitar algo bom, devemos reconhecer as limitações e a amizade com o sexo oposto que não é exceção. Não importa o quanto alguma coisa é benéfica ou inocente, quando exigimos demais dela, podemos causar danos a nós mesmos e aos outros. Salomão passou este princípio usando a analogia da comida: "Não coma mel demais, porque você pode vomitar" (Pv 25:16). Não é porque algo seja bom que devemos devorá-lo. Assim como uma dieta saudável, as amizades saudáveis requerem autocontrole e moderação.

Vamos dar uma olhada em três passos importantes que envolvem uma amizade saudável com o sexo oposto.

1. Compreendendo a diferença entre amizade e intimidade.

Podemos ver com mais clareza a linha entre a amizade e "mais do que amizade" quando compreendemos a diferença entre a amizade e a intimidade.

A amizade está relacionada a alguma coisa e não com as duas pessoas envolvidas no relacionamento; a intimidade está relacionada com as duas pessoas. Numa verdadeira amizade, algo fora dos dois amigos os une. C.S. Lewis escreve: "Os amantes no geral ficam se olhando, mutuamente absorvidos; os amigos, lado a lado, absorvidos em algum interesse comum". A chave para a amizade é um objetivo ou alvo comum para onde os dois companheiros olhar. Pode ser um esporte, um hobby, fé ou música, mas é algo fora deles. Assim que as duas pessoas envolvidas se concentram no relacionamento, ele passa a ser mais do que amizade.

Você consegue ver como esta progressão aconteceu na minha história com Chelsea? No início, baseamos nossa amizade no fato de que estávamos num acampamento de liderança

Apenas amigos no mundo do 'simplesmente faça'

que duraria duas semanas. Compartilhamos interesses comuns como tênis e piano. Nossa interação baseada nestas coisas permaneceu dentro dos limites da amizade.

Mas tínhamos pouca razão para continuar nossa amizade à distância. Não podíamos participar de interesses comuns lado a lado com esta distância. Não tínhamos base para continuar a relação exceto pelo fato de estarmos interessados um no outro. Se tivéssemos verdadeiramente buscado uma amizade, nós teríamos visto que nossa amizade não transcendia os limites geográficos e de estilo de vida. Teríamos admitido que a única coisa que nos fazia ficar juntos era a atração. Mas não pensamos assim. Deste modo nossa correspondência passou dos interesses comuns para nosso relacionamento. Paramos de andar lado a lado e começamos a ficar face a face, concentrados um no outro.

A razão pela qual a maioria dos relacionamentos entre um rapaz e uma garota passa a se tornar um romance é que as pessoas envolvidas não compreendem a diferença entre amizade e intimidade. Muito frequentemente confundimos os dois. Com Chelsea, eu disse que queria amizade mas eu queria era de fato a intimidade. Queria que alguém se importasse comigo e me amasse. Minhas ações traíram meu desejo real pela emoção e consolo que o romance nos dá.

Estes desejos eram errados? Não, mas não vieram em boa hora. Não estou dizendo que temos que evitar a intimidade. Não devemos. A intimidade é algo maravilhoso. Mas não devemos buscar uma intimidade sem compromisso. Em relacionamentos homem/mulher que honram a Deus, a responsabilidade da intimidade é o compromisso no casamento. Se não estivermos preparados ou não formos capazes de nos comprometer com alguém, não estamos preparados para buscar a intimidade.

Lembra-se da analogia usada no capítulo 2? A busca da intimidade sem o compromisso é como escalar uma montanha com alguém que, no meio do caminho, não tem certeza se quer ou não segurar a corda. A última coisa que queremos ouvir a centenas de metros do chão é que nosso parceiro se sente aprisionado em seu relacionamento.

Isto é exatamente o que fiz com Chelsea egoisticamente. Eu queria a emoção do romance, mas não estava preparado para um compromisso. Isto significa que eu deveria ter me casado com Chelsea já que tinha começado o relacionamento? Não, significa que eu não deveria ter começado um relacionamento íntimo com ela.

Compreender a diferença entre amizade a intimidade nos ajuda a ficar dentro dos limites da amizade até que estejamos preparados para a responsabilidade de um relacionamento íntimo.

2. Inclua, não exclua.

O segundo passo para ser apenas amigos do sexo oposto é incluir outras pessoas ao invés de se isolar com aquela única pessoa. Nós não queremos carregar para nossa amizade a mentalidade do namoro que não podemos ficar sozinhos. Podemos evitar isto envolvendo amigos, família e talvez até mesmo estranhos em nossas vidas.

Por favor note que incluir os outros não significa achar alguém para segurar 'vela' quando saímos com alguém do sexo oposto. Conheço mais de um casal que leva o irmão ou irmã mais novo quando saem para que possam chamar aquele encontro de uma atividade em grupo. O seminário que muitos de meus amigos frequentam tem uma regra que diz que os alunos só podem sair com um grupo de três pessoas. Já tive amigos que me chamaram para sair e descobri que só fizeram isto porque precisavam de uma outra pessoa para formar o 'grupo de três'. Obrigado, rapazes! Nenhum destes exemplos precisava de uma terceira pessoa. No meu entender, o irmão mais novo ou a terceira pessoa do grupo poderia muito bem ser amarrado e jogado no porta-malas do carro!

Não estou falando de incluir alguém por causa da aparência. Ao contrário, incluir alguém deve partir do desejo sincero de envolver tantas pessoas quanto possível na comunhão e serviço. Então nem devemos começar sendo um casal e tentar construir algo baseado nisto. Devemos começar com o objetivo final em mente – a comunhão, o serviço, a oração e o estudo da Palavra de Deus – e daí buscar envolver outras pessoas.

Quando nos recusamos a incluir outros, precisamos nos perguntar se a amizade é o verdadeiro motivo do nosso relacionamento.

3. Procure oportunidade para servir, e não para ser entretido.

Curt Cobain[1] resumiu a atitude da nossa cultura atual na frase: "Aqui estamos; agora nos entretenha". Creio que, infelizmente, muitos cristãos têm a frase de Cobain como refrão de suas amizades.

Na minha opinião, nossa obsessão cultural pelo entretenimento é somente uma expressão de nosso egoísmo. O enfoque do entretenimento não é produzir algo útil para o benefício dos outros mas consumir algo para o auto prazer. E uma amizade baseada na autossatisfação, na mentalidade do auto prazer pode facilmente levar a um relacionamento romântico semelhantemente egoísta que satisfaz as necessidades momentâneas.

Mas quando mudamos o enfoque de nosso relacionamento, do entretenimento para o serviço, nossas amizades mudam o enfoque sobre nós mesmos para o enfoque na pessoa a quem podemos servir. É no serviço que conhecemos profundamente nossos amigos, de uma forma que nunca conhecemos.

Pare por um momento e considere esta ideia. O que você pode aprender sobre alguém, sentados lado a lado num cinema? Por outro lado, o que você pode aprender sobre alguém servindo lado a lado com esta pessoa? Quando nos livramos da mentalidade do entretenimento e servimos os outros, não só agradamos a Deus como recebemos a bênção da experiência mais satisfatória da amizade – duas pessoas (ou mais), lado a lado, indo juntas em direção a um propósito nobre e comum.

---

1 Nota do Tradutor. Curt Cobain, ex-integrante do grupo de *rock*, *Nirvana*, que suicidou com um tiro de pistola na cabeça. Ele e os outros integrantes eram budistas.

Não estou dizendo que nunca devemos buscar o entretenimento. Mas acho que devemos querer servir primeiro. Assim, sirva uma sopa numa missão antes de se sentar para assistir a um vídeo. Organize um grupo de amigos para ensinarem os mais novos na escola dominical antes de pedir que o pastor de jovens os leve ao parque aquático. Comece um conjunto musical em sua garagem antes de comprar um outro CD ou ir a um show. Produza antes de consumir; sirva antes de buscar o entretenimento.

O Amor Fraternal

Ser apenas bons amigos com os membros do sexo oposto não acontece por acaso. Temos de lutar por nossas amizades e as proteger. Como ímãs, homens e mulheres foram feitos para se atraírem. Mas até que estejam prontos para "juntarem os trapos para sempre", precisamos evitar a intimidade prematura. Como fazer isto? Respeitando as limitações das amizades entre rapazes e garotas e nos relacionando com outros dentro dos parâmetros dados na Palavra de Deus. Em Romanos 12:10-11, lemos: "Amem uns aos outros com carinho de irmãos em Cristo e em tudo deem preferência uns aos outros. Trabalhem bastante e não sejam preguiçosos. Sirvam ao Senhor com o coração cheio de entusiasmo".

O que é nosso relacionamento um com o outro? Somos irmãos e irmãs em Cristo.

Como devemos tratar um ao outro? Com honra.

E qual é o segredo para nosso zelo? Serviço – lado a lado para a glória de Deus.

Orientados por esta atitude, ser "apenas amigos" pode ser algo naturalmente maravilhoso.

Capítulo Dez

Guarde seu coração

COMO LUTAR CONTRA OS POLUENTES DA LUXÚRIA, PAIXÃO E AUTOPIEDADE

Emily espreguiçou-se folgadamente na cama enquanto assistia à Jéssica fazer as malas. "Aposto como sei o que vai acontecer quando chegar à faculdade", ela disse de repente.

"Ah, é", Jéssica respondeu distraidamente. Ela estava mais preocupada agora em como arrumaria a bagunça de roupas, sapatos e maquiagem que cobria o chão de seu quarto.

"Claro que sei", Emily disse, jogando o par de meias em Jessica. Ela sabia quando estava sendo levada à sério.

"Você vai chegar lá, conhecer um cara e se apaixonar. Depois você vai ter que se arrastar de volta – de joelhos – e me implorar para que eu perdoe você por fazer tanto alarde em relação ao namoro. Mal posso esperar até que você arrume um namorado!"

Se alguém mais além de Emily tivesse dito isto, Jéssica teria ficado com raiva. Mas vindo de sua melhor amiga – embora ela lhe desse nos nervos – Jéssica teve de sorrir.

"Emily, já disse a você que não é uma questão de não querer me apaixonar", Jéssica disse enquanto tentava colocar outra calça jeans dentro da mala. "Não tenho interesse em brincar e correr atrás de relacionamentos sem motivo... como *alguém* que eu conheço."

Preferindo ignorar a provocação de Jéssica, Emily respondeu: "Aguarde; a faculdade vai fazer com que mude de opinião".

Quando as Regras Não Se Encaixam no Jogo

Sete meses mais tarde, Jéssica se sentou em seu quarto perto da janela olhando um esquilo cruzando o estacionamento saltitando. Era um daqueles momentos raros à tarde quando o dormitório do campus estava calmo o suficiente para que Jéssica pudesse refletir. "Talvez Emily estivesse certa", Jéssica pensou, repassando em sua mente a conversa com a amiga. A faculdade virou seu mundo de pernas para o ar. Todas as suas visões idealistas do amor e namoro perfeitos pareciam desatualizados e fora de moda. Ela chegou à faculdade tão certa das coisas; agora ela não sabia em que acreditar.

Jéssica cresceu numa pequena comunidade com alguns rapazes cristãos por isto não considerou de fato o namoro. Suas amigas eram toda a companhia de que precisava; e os deveres de casa, voleibol e *softball* a mantinham ocupada. Durante o primeiro ano do segundo grau, Jéssica ouviu um preletor numa conferência de jovens pregar uma mensagem chamada "Uma Perspectiva Bíblica do Romance". Ele falou como o namoro geralmente contradizia os princípios bíblicos. Jéssica estava surpresa como as ideias do pregador faziam sentido. Ela nunca "não namorou" conscientemente mas agora ela compreendia porque ela tinha sempre se sentido incomodada com o conceito. Jéssica mentalmente começou a catalogar as muitas vezes em que suas amigas tinham sido magoadas pelos namoros e assim ela se tornou amarga. Ela não via como o namoro podia ser algo negativo?

Desta forma, Jéssica começou a buscar o modo "correto" de fazer as coisas. Ou, como Emily costumava dizer, Jéssica "fazia uma campanha armada contra o namoro". Ela percorreu a Bíblia para encontrar ideias, lia livros, ouvia fitas sobre o assunto e passava muitas noites conversando – geralmente discutindo – com suas amigas sobre os méritos e armadilhas do namoro. Por causa desta busca, Jéssica surgiu com suas próprias "regras do romance", como um Moisés moderno descendo do Monte Sinai com os Dez Mandamentos. Ela tinha certeza de que sua lista de prós e contras resolveria os problemas de relacionamento do mundo... ou pelo menos a manteriam longe dos problemas. Primeiro, Jéssica se permitiria ser incomodado por relacionamentos curtos. Até que ela sentisse que poderia buscar o casamento, o namoro estaria fora de cogitação; ela só sairia com rapazes se fosse em grupo. Quando o romance se tornasse adequado, um rapaz lhe demonstrasse interesse, ela primeiramente conversaria com seus pais. A partir daí Jéssica tinha cada detalhe do processo de namoro planejado como um roteiro de cinema cuidadosamente escrito. Depois de avaliarem o pretendente, papai e mamãe dariam permissão ao jovem que a cortejasse, os dois se apaixonariam perdidamente e os sinos do casamento tocariam.

Tudo isto era bom demais. Sabiamente, Jéssica desenvolveu padrões elevados. Na verdade, as regras eram perfeitas. Mas seu método de desenvolver diretrizes tinha algo faltando. Jéssica tinha calculado seus padrões de namoro com a falta de emoção do Spock de *Jornadas nas Estrelas*. Sim, suas regras faziam sentido, mas eram somente regras – mas não tomaram vida de dentro de seu coração. E somente as convicções que brotam do coração podem sobreviver aos ventos das emoções. Para Jéssica, a tempestade estava prestes a começar.

Quando ela chegou na faculdade (uma escola cristã muito conservadora, escolhida em parte por causa de suas regras rígidas), para seu desânimo Jéssica descobriu que todas as regras exteriores com que contava não fizeram nada para controlar os sentimentos que repentinamente começavam a crescer dentro dela. Ela nunca tinha tido tanto contato com tantos rapazes crentes e lindos diariamente. Jéssica não teve problemas em recusar um convite de Tony, um rapaz que usava uma camiseta do grupo *Metallica* e que tinha cabelo oxigenado. Mas quando o discreto e alto Eric olhou para ela com seus olhos castanhos penetrantes quando discutia o sermão do culto matinal, Jéssica sentia sua decisão derreter.

O pior de tudo é que ela só via casais espalhados pelo campus. Eles estavam em todas as partes! Três de suas quatro colegas de quarto tinham namorados e viam sua falta de relacionamento com espanto, ou até mesmo desdém. Jéssica se sentia como uma freira no "Barco do Amor".

No fundo, Jéssica começou a cobiçar os relacionamentos de suas colegas de quarto. Repentinamente ela começou a pensar que ter um namorado seria um consolo. Ela se pegou sonhando acordada com certos rapazes. "E se o fulano for minha 'outra metade'? O que ele realmente quis dizer com tal coisa? Ele gosta de mim?" Com todos estes pensamentos flutuando em sua mente, Jéssica se tornou melancólica e insatisfeita. Não importava o que fizesse ela pensava: "Se ao menos eu pudesse compartilhar isto com alguém". Ela tinha muitas amigas e vários amigos mas eles dificilmente preenchiam o vazio que sentia.

Para tornar as coisas piores ainda, os rapazes estavam começando a convidá-la para sair. Será que algum deles seria um marido em potencial? Nem tanto, mas um deles é um gato... No fundo Jéssica sabia que estava fazendo aquilo que a que tinha se proposto a não fazer mas será que isto importava agora? Suas regras e padrões pareciam inúteis.

CONHECENDO-SE

O coração humano não recebe ordens da mente. Virá o tempo em que não teremos vontade de fazer aquilo que é responsável e santo; aquilo a que nos propusemos a fazer. A questão é, como reagiremos quando nossos corações liderarem uma rebelião em grande escala? Se não nos prepararmos para uma revolução, nos sentiremos tentados a abandonar nossos princípios e padrões.

"Quando me tornei uma mulher adulta", escreve Elisabeth Elliot em *Passion and Purity* (Paixão e Pureza), "e comecei a aprender o que estava no meu coração, vi muito claramente que, das coisas mais difíceis de se dominar, nenhuma era maior do que minha vontade e afeição". Quando mais cedo conhecermos o conteúdo de nossos corações, melhor. Muitos de nós não temos consciência de como o centro de nosso ser pode ser enganoso. Quando pensamos no "coração", imaginamos lindos cartões cheios de corações vermelhos. Mas geralmente, se realmente examinarmos nossos corações, encontraremos mentiras, egoísmo, luxúria, inveja e orgulho. E esta é a lista resumida! O efeito é como descobrir a fotografia de sua doce vovó na lista dos Mais Procurados do FBI afixada nas paredes do correio.

Mas embora fiquemos surpresos, Deus não fica. Ele não só compreende a fragilidade do coração humano, como sabe como ele pode ser facilmente levado na direção errada.

Coração Enganoso

A Bíblia está repleta de alertas sobre a natureza do coração humano e de instruções para que nossa prioridade seja cuidar dele. Provérbios 4:23 nos diz: "Acima de tudo, guarde o seu coração..." Como devemos fazer isto?

Primeiro, imagine-se guardando seu coração como se ele fosse um criminoso amarrado em uma cadeira pronto para se libertar e socar sua cabeça. Em outras palavras, proteja-se do pecado do seu coração. Mantenha seus olhos bem abertos e saiba que seu coração pode lhe causar dano se você tirar os olhos dele.

"O coração é mais enganoso do que qualquer outra coisa..." lemos em Jeremias 17:9. "Quem é capaz de compreendê-lo?" Embora o conselho de muitas pessoas bem-intencionadas seja "siga seu coração", a Bíblia nos alerta que nosso coração pode nos levar a direções erradas, e até mesmo mortais. Nosso coração mente. Alguma coisa pode "parecer" certa, mas pode estar completamente errada.

No seu livro *First Things First* (As Primeiras Coisas em Primeiro Lugar), Stephen Covey faz uma analogia que pode nos ajudar a compreender a aptidão com que nossas emoções dobram a realidade. Se você pegar uma lanterna e apontar a luz para um relógio solar à noite, você pode fazer com que o relógio solar mostre a hora que você desejar. Mas mesmo lhe dando as horas, este método não lhe dará a hora correta. Por quê? Porque você manipulou a fonte de luz.

Do mesmo modo, nossas emoções podem "apontar a luz" para as circunstâncias de inúmeros ângulos. Elas podem nos dizer qualquer coisa que quisermos ouvir. Mas não podemos depositar nossa confiança nestas leituras do coração.

Julie, uma garota de dezenove anos que trabalhava como recepcionista num consultório médico, se viu profundamente atraída por seu chefe, um homem casado que estava começando a dar em cima dela. Ela queria reagir segundo a sua atração e dar continuidade ao flerte. Seu coração dizia para ela se render aos seus sentimentos. Ela deveria ter dado ouvido a ele?

Felizmente, as convicções de Julie resistiram aos sussurros do coração. Ela largou o emprego e confessou sua tentação a uma amiga crente que orou com ela e prometeu que a apoiaria.

Julie sabiamente guardou seu coração pensando nas consequências. Se ela tivesse seguido seus sentimentos, ela teria pecado contra Deus, teria carregado esta memória de um caso extraconjugal para seu casamento e teria possivelmente destruído o casamento e a família do homem. Esta história expõe a feiura dos desejos do coração. Fugir da tentação e encontrar uma parceira para quem você possa prestar contas foram precauções que ela tomou para não ser presa de seu próprio coração pecador.

Você enfrenta uma situação potencialmente precária que seu coração deseja conquistar? Como Julie, faça o que puder para guardar seu coração e o mantenha em submissão a Deus.

Mantendo uma Fonte Pura

Agora, imagine guardar seu coração como se ele fosse uma fonte de água fresca que você deseja beber diariamente. A Bíblia fala que o coração é "a fonte da vida" (Pv 4:23), a fonte de nossas atitudes, palavras e obras. Se você não consegue manter seu coração puro, o resto de sua vida ficará estagnada e suja.

Peter Marshall, ex-capelão do Senado dos Estados Unidos, adorava contar uma história chamada "O Guardião da Fonte". Esta fabula simples ilustra de forma maravilhosa a importância de manter constantemente a pureza em nosso coração.

Um homem idoso, morador pacato de uma floresta vivia numa vila no leste dos Alpes. Muitos anos atrás, os vereadores contrataram o velho senhor para ser o Guardião da Fonte para cuidar da pureza dos lagos incrustados na montanha. Quando estes lagos transbordavam, suas águas alimentavam a bela fonte que corria pela cidade. Com uma regularidade fiel e silenciosa, o Guardião da Fonte patrulhava as montanhas, removia folhas e galho dos lagos e limpava o lodo que se depositava e contaminava o fluxo de água fresca. Com o tempo, a vila se tornou uma atração popular para os turistas em férias. Cisnes graciosos flutuavam na fonte claríssima, os moinhos de vários estabelecimentos comerciais rodavam dia e noite, as terras eram naturalmente irrigadas e a vista dos restaurantes era maravilhosa.

Os anos se passaram. Uma noite os vereadores da cidade tiveram uma reunião semestral. Quando analisaram o orçamento, um dos homens viu o salário que era pago ao obscuro Guardião da Fonte. "Quem é este velho?" ele perguntou indignado. "Por que mantemos este homem entra ano e sai ano? Nunca ninguém o vê. Pelo que sabemos, ele não faz diferença. Ele não é mais necessário!" Numa votação unânime, os vereadores dispensaram os serviços do velho homem.

Eu disse adeus ao namoro

Durante várias semanas nada mudou. Mas no início do outono, as folhas das árvores começaram a cair. Pequenos galhos se partiram e caíram nos lagos, impedindo o fluxo de água límpida. Uma tarde, alguém notou um lodo marrom-amarelado na fonte. Poucos dias depois, a água ficou mais escura. Dentro de uma semana, uma película gosmenta cobria partes da fonte perto das bordas e um cheiro terrível emanava da fonte. Os moinhos rodavam vagarosamente; alguns finalmente pararam. Os estabelecimentos comerciais perto da água fecharam. Os cisnes migraram para águas mais limpas e os turistas não visitavam mais a cidade. Eventualmente, os dedos viscosos das doenças penetraram profundamente a vila.

Os vereadores de pouca visão aproveitaram a beleza da fonte mas subestimaram a importância de guardar a fonte. Podemos cometer o mesmo erro em nossas vidas. Assim como o Guardião da Fonte que mantinha a pureza da água, eu e você somos os Guardiões de Nossos Corações. Temos de avaliar constantemente a pureza de nossos corações em oração, pedindo a Deus que revele as pequenas coisas que nos contaminam. Quando Deus revelar nossas atitudes, desejos e vontades erradas, devemos removê-las de nossos corações.

OS POLUENTES

Quais são algumas das coisas que Deus nos pedirá para remover de nossos corações, principalmente em relação a nossa mentalidade de namoro? "Não amem o mundo", João nos alerta, "nem o que há nele... Pois tudo o que há no mundo – a cobiça da carne, a cobiça dos olhos e a ostentação dos bens – não provém do Pai mas do mundo" (1Jo 2:15-16). Nesta passagem, João nos dá três categorias de coisas do mundo que poluem nossos corações: desejos pecaminosos, luxúria e comparações orgulhosas com as outras pessoas. Podemos relacionar estes itens com os relacionamentos românticos? Acho que sim. Na realidade, a maioria de nossas lutas nos relacionamentos parece envolver o desejo de algo que não devemos desejar, desejar o que Deus proíbe ou reclamar sobre o que não temos. Estes "poluentes" manifestam-se especificamente nos relacionamentos através da paixão, luxúria e autopiedade. Vamos examinar bem atentamente estes três aspectos.

1. Paixão

Talvez você já a tenha experimentado – pensar constantemente em alguém que lhe chamou a atenção, coração disparado quando a pessoa chega, horas sonhando com um futuro com aquela pessoa especial. Isto é paixão e sei muito bem que eu mesmo já a experimentei!

Muitos de nós temos dificuldade em ver a paixão como algo potencialmente perigoso. Mas precisamos examiná-la atentamente porque, quando analisamos atentamente, a paixão pode ser uma reação pecaminosa à atração. Sempre que permitimos que alguém roube o lugar de Deus como foco de nossa afeição, passamos de uma mera apreciação da beleza ou personalidade de alguém para o perigoso âmbito da paixão. Ao invés de fazer Deus o objetivo de nosso querer, erroneamente dirigimos nossos sentimentos a outro humano. Nos tornamos idólatras, nos prostrando perante alguém além de Deus, desejando que esta pessoa satisfaça nossas necessidades e nos traga realização.

Deus tem ciúme de nossos corações; afinal, ele nos criou e nos redimiu. Ele quer que nós concentremos nossos pensamentos, desejos e querer Nele. Ele amorosamente nos abençoa com relacionamentos humanos, mas primeiro nos convoca a achar o prazer de nossos corações Nele. Além de desviar nossa atenção de Deus, a paixão pode nos causar problemas porque ela é muito frequentemente fundamentada na ilusão. Quando nos apaixonamos por alguém, temos a tendência de imaginar a pessoa como sendo a garota ou o rapaz perfeitos. Achamos que seremos felizes para sempre se a pessoa retribuir nossa afeição. É óbvio que só sustentamos nossa tola atração pela pessoa porque substituímos toda a informação que não temos daquela pessoa pela fantasia. Assim que passamos a conhecer a verdadeira identidade da pessoa e descobrimos que nossa mulher ou homem "perfeito" é humano assim como eu, nossos sonhos desvanecem e procuramos uma nova paixão.

Para quebrar este padrão de paixão, devemos rejeitar a noção de que um relacionamento humano pode nos satisfazer completamente. Quando nosso coração escorrega para o mundo da fantasia da paixão, devemos orar, "Senhor, ajude-me a apreciar esta pessoa sem a elevar acima do Senhor em meu coração. Ajude-me a lembrar que nenhum humano poderá jamais tomar o Seu lugar em minha vida. Traga-me de volta à realidade, Deus; 'dá-me um coração inteiramente fiel' (Sl 86:11)".

Meu pai gosta de dizer que quando deixamos Deus ser Deus, deixamos os humanos serem humanos. Quando colocamos Deus em Seu devido lugar em nossas vidas, não lutamos tanto quando os relacionamentos humanos nos desapontam. Em contraste direto, quando fazemos de outro humano nosso ídolo, Deus não pode ser nosso Deus.

Quando colocamos Deus em primeiro lugar em nossas vidas, precisamos continuar a evitar a paixão tomando a decisão de *não* alimentar a atração. "Não alimente uma paixão!" Uma garota do Brooklyn, Nova Iorque, me disse quando perguntei a ela como fazia para derrotar a paixão. E ela está certa. A atração só vira paixão quando a mimamos.

Toda vez que nos sentirmos atraídos por alguém, temos a escolha de deixarmos ser apenas atração ou permitimos que ela nos envolva. Um dia fui convidado para falar num programa de rádio e depois pude conversar com a produtora, uma mulher solteira na casa dos trinta. Ela me disse que os adolescentes não são os únicos que têm de lidar com a paixão. Esta linda e inteligente mulher ainda tem de resistir à paixão em sua vida adulta. Ela fez uma afirmação que achei muito útil. "Joshua", ela disse depois de me contar a história de um homem que recentemente tinha tentado conquistá-la, "quero me concentrar em Deus. Até que o homem certo apareça, eu me recuso a alimentar expectativas românticas e deixar que meu coração me engane". Para ela, alimentar expectativas românticas significava sonhar acordada com o rapaz no caminho de casa para o trabalho, colocar sua foto na geladeira e cochichar com suas amigas. No momento certo, estas coisas poderão ser adequadas num relacionamento, mas antes da hora adequada, ela sabia que estas ações somente a levariam a uma paixão baseada na fantasia. E você? Você sucumbe às paixões, removendo o foco em Deus e fantasiando sobre o parceiro "perfeito?" Talvez você precise dar um passo atrás e avaliar o papel da paixão em sua vida.

2. Luxúria

A segunda prisão que geralmente ameaça a pureza de nossos corações é a luxúria. Sentir luxúria é desejar algo sexualmente a que Deus nos proibiu. Por exemplo, quando eu, como homem solteiro, olho para uma mulher que não é uma esposa (o que no momento significa qualquer mulher) e tenho fantasias imorais com ela, estou sentindo luxúria; estou depositando meu coração em algo que Deus colocou fora de Seus limites. O desejo sexual dentro do casamento é uma expressão natural e adequada da sexualidade; afinal, Deus nos deu impulsos sexuais. Mas Deus também nos Deus mandamentos específicos proibindo que nos entreguemos aos desejos antes do casamento.

Para combater a luxúria em nossas vidas, temos de detestá-la com a mesma intensidade com que Deus a detesta. Infelizmente, nem sempre fazemos isto. Uma experiência que tive quando visitei a cidade de Denver, Colorado, abriu meus olhos para minha própria frouxidão em relação à luxúria. Uma tarde, estava caminhando do hotel até o centro de convenções. Um grupo de três rapazes passou por mim na direção oposta. Eles sorriram de um modo estranho. Eles sussurraram algo e riram quando passaram por mim e, por alguma razão, esta situação me incomodou. O que estaria me incomodando? Tirei este desconforto de minha mente e segui em frente. Mas alguns momentos mais tarde um carro parou do meu lado. Os mesmos três rapazes estavam dentro dele. Desta vez, não me enganei a respeito de sua intenção ou razão por estar me sentindo incomodado – os três rapazes eram homossexuais e estavam dando em cima de mim. Eles assobiavam, piscavam e riam da minha perplexidade. Finalmente, saíram na disparada, me deixando na fumaça.

Nunca me esquecerei da raiva e nojo que senti no momento. Eu me sentia ultrajado por ter sido objeto da luxúria deles, por terem seus olhos me examinando. Era tudo tão errado, tão nojento.

Lembro-me que me voltei para Deus em minha autojustiça irada e falei com entre dentes, "Que pessoas nojentas!"

A exortação gentil de Deus sussurrada em meu coração me pegou desprevenido.

"Joshua, sua luxúria heterossexual é tão descabida quanto nojenta aos Meus olhos também."

Esta compreensão me colocou em meu lugar. Meu desprezo pela luxúria daqueles três homens não era *nada* em comparação com o desgosto que Deus sentia pela luxúria em *meu* coração, embora a sociedade espere que eu aja assim. Deus afirma que quando eu olho para uma mulher com desejo, seja na rua, num *outdoor* ou filme, estou na realidade cometendo adultério com ela em meu coração (Mt 5:28). Isto é muito sério!

Quantas vezes eu já senti desejo por uma garota que passava na rua assim como aqueles homossexuais em relação a mim? Quantas vezes passando meus olhos pelo corpo da mulher como uma "lesma numa rosa" como Cyrano de Bergerac tão habilmente descreveu? Será que tenho tanta repulsa da minha luxúria como tenho pela dos outros? Beilby Porteus escreve, "O que temos que fazer perante os homens, devemos temer em pensar perante Deus".

Devemos buscar remover por completo a luxúria de nossas mentes. Devemos orar, "Cria em mim um coração puro, ó Deus" (Sl 51:10). Ajuda-me a ser como Jó, que fez um acordo com seus olhos para não cobiçar as pessoas (Jó 31:1). Perdoa-me por nutrir a luxúria em minha vida; ajuda-me a evitá-la fielmente. "Que a meditação de meu coração seja agradável a Ti, ó Senhor" (Sl 19:14). Finalmente, devemos evitar aquilo que nos encoraja a ter desejos errados. Para uma garota que conheço, guardar seu coração da luxúria significou jogar fora todos os livros românticos seculares. Ela se convenceu de que a constante sensualidade retratada nestes livros eram totalmente inadequadas para sua leitura, fazendo de seu coração um solo rico para as sementes de luxúria. Um outro amigo universitário parou de passar suas tardes na praia porque as garotas de biquíni eram tentação demais para ele. Um outro amigo decidiu não assistir a nenhum filme durante seis meses. Todos os três amigos são exemplos de pessoas, cada uma com diferentes pontos fracos, que guardaram seus corações destas coisas – livros, lugares e filmes – que os levavam ao desejo pecaminoso.

Quando avaliamos nossas vidas honestamente reconhecemos nossa própria luxúria e vemos a tristeza que ela causa em Deus; a partir daí iremos querer destruir a luxúria... antes que ela nos destrua.

3. Autopiedade

O poluente final de nossos corações é a autopiedade. Um dos sentidos de piedade é a adoração às nossas circunstâncias. Quando sentimos pena de nós mesmos, tiramos o foco de Deus – de Sua bondade, justiça e habilidade de nos salvar em qualquer circunstância. Quando damos as costas para Deus, nos apartamos de nossa única fonte de esperança.

Permitimos muito facilmente a autopiedade se infiltrar em nosso coração. Quando nos sentimos sozinhos e desejamos alguém para amar e para nos amar, parece que temos toda a razão do mundo para reclamar, murmurar porque recebemos algo imprestável.

Mas será que temos razão para reclamar quando pensamos na Cruz? Quando tento seguir os planos de Deus para os relacionamentos e, como resultado, quero ter namoros inconsequentes, algumas vezes tenho a tendência de cair na mentalidade de "mártir". "Ó, desventurado que sou! Cá estou eu, sofrendo pela retidão!" Que tolice! Nos meus momentos mais objetivos, eu imagino a resposta de Deus a minha autopiedade como algo semelhante a uma mensagem de uma camiseta popular: "Quer um pedaço de queijo com sua lamúria?"[1] Passar o tempo suspirando pelo que eu abri mão não impressiona a Deus; obedecê-Lo com alegria sim.

A autopiedade é uma resposta pecaminosa aos sentimentos de solidão. Não pecamos quando nos sentimos solitários ou admitimos nosso desejo por uma companhia, mas pecamos quando usamos estes sentimentos como uma desculpa para darmos as costas a Deus e exaltar nossas próprias necessidades.

Você geralmente se pega concentrando em seu próprio triste estado e não confia em que Deus fará o que é melhor para você? Em caso afirmativo, talvez você precise avaliar honestamente sua tendência à autopiedade. Primeiro, pare de basear sua felicidade na comparação entre você e os outros. Não caia no jogo da comparação. Muitas pessoas desperdiçam suas vidas buscando coisas que não querem de verdade simplesmente porque não suportam a ideia dos outros terem o que elas não têm. Pergunte-se: "Está realmente faltando algo em minha vida, ou estou simplesmente cobiçando o que alguém tem?"

Em seguida, quando sentir aqueles antigos sentimentos de autopiedade emergindo, os redirecione para a compaixão pelos outros. Veja ao seu redor e procure alguém que compartilhe seus sentimentos de solidão e tente confortar aquela pessoa. Tire o foco de suas necessidades e ajude a satisfazer a necessidade dos outros.

Finalmente, aprenda a usar os sentimentos de solidão como uma oportunidade para se aproximar de Deus. Uma ga-

---

1 Nota do Tradutor: jogo de palavras onde 'lamúria' (whine) e 'vinho' (wine) têm a mesma pronúncia.

rota nos seus vinte anos que se casou recentemente me contou que via a solidão como o chamado de Deus para seu coração. "Quando me sentia solitária, eu pensava: Deus está me chamando de volta para Ele", ela me disse. Nestas horas ela aprendeu a derramar seu coração para Deus e conversar com Ele. Hoje ela não troca esses momentos de intimidade por nada neste mundo.

ELE TUDO SABE

A tarefa de guardar nossos corações é uma grande responsabilidade. Ela ocorre nos lugares secretos da devoção. Na oração honesta e meditação na Palavra de Deus, arranhamos o filme da paixão, luxúria e autopiedade de nossos corações. Assim como o trabalho do Guardião da Fonte, o nosso trabalho nunca termina. Devemos policiar nossos corações com "regularidade fiel e silenciosa".

Sim, nossos corações são enganosos mas a promessa de 1 João 3:20 nos dá esperança para fazermos o trabalho: "Porque Deus é maior que nosso coração e sabe todas as coisas". A força de Deus pode nos ajudar a nos enxergar através das revoltas de nossas emoções. E podemos nos consolar no conhecimento de que Ele vê nossa situação à distância, balançando Sua cabeça quando vê nossas fraquezas. Jesus, o Filho de Deus, que Hebreus fala em 7:25 "vive sempre para interceder" por nós, também passou pelos mesmos sentimentos de solidão que eu e você temos, e Ele entende como é passar pela tentação. Ele nos ajudará e nos sustentará quando confiarmos Nele e fielmente guardarmos nossos corações.

Capítulo Onze

"Você não namora? Está doido?"

O QUE FAZER QUANDO AS PESSOAS PERGUNTAREM POR QUE VOCÊ NÃO ENTRA NO JOGO DO NAMORO

Um dia meu irmão de sete anos, Brett, informou como quem não quer nada que Susie da classe da escola dominical estava interessada nele.
"Isto é certo?" eu perguntei.
"É", Brett disse indiferentemente. "Ela colocou o nome do ursinho de pelúcia dela de Brett, e ela o beija na igreja."
"Ela faz o quê?"
"E ela me beijou também. Ela quer que eu seja o namorado dela."
"Ela o quê?"
É desnecessário dizer que houve uma pequena confusão na casa da família Harris. Meus pais informaram a Brett que ele não precisava se preocupar em ter uma namorada e que ele não deveria deixar que as garotas o beijassem.
Este incidente ilustra com humor algo que não é sempre engraçado: a pressão dos outros para que sejamos iguais. Você provavelmente já sentiu isto de uma forma ou de outra. Se partindo dos amigos, da família ou até mesmo de estranhos, todos nós enfrentamos este empurrão para que nos conformemos com as expectativas de nossa cultura em relação aos relacionamentos. A maioria das pessoas espera que namoremos;

quando não namoramos, elas frequentemente desafiam nossos padrões, algumas vezes zombam de nós e sempre fazem muitas perguntas. Como devemos responder a isto?

Neste capítulo, gostaria de dar algumas ideias para que você comunique com confiança sua decisão de, atualmente, evitar o namoro. Para fazer isto, darei alguns exemplos de situações que você provavelmente irá enfrentar e alguns princípios que poderão orientá-lo nestas situações.

Cena Um: Confronto Na Lanchonete Da Escola

Sean Missler estava sentado na lanchonete da escola, terminando seu lanche de batata frita e refrigerante. Quando os outros alunos saíram, Randy Johnson se aproximou de Sean e o cumprimentou com um sorriso tipicamente seguro.

"E aí, cara." Randy perguntou, sentando-se ao lado de Sean.

"Nada de mais. Quer um pouco de batata?"

"Não, obrigado", Randy disse, após olhar para as batatas fritas. "Escuta, eu quero descobrir quem você vai levar para o banquete. Eu vou com a Jenny e estava pensando se você e seu par não gostariam de vir até a minha casa depois da festa. Minha mãe disse que podemos usar a banheira de hidromassagem. Ai meu Deus, você já viu a Jenny de maiô? Uau! Que me diz?"

"Bom, não sei Randy, não acho que..."

"Qual é, cara! Que tal a Melissa Summers? Ela é ótima!"

"Não acho que..."

"O está me dizendo? Claro que você quer!" Randy disse batendo levemente no braço de Sean.

"Olhe, Randy, não vou ao banquete, ok?"

"Não vai?"

"Não. Eu, Andrew e Ben estamos planejando levar minha irmã e algumas garotas da igreja para jantar fora e depois vamos para minha casa jogar alguns jogos e coisas assim."

"Jogos?"

Você não namora? Está doido?

"É, você sabe, caça-palavras e coisas do gênero."
"Caça-palavras? Eu poderia arrumar Melissa para você e você quer sair para jantar fora com sua irmã e um bando de encalhadas e depois jogar caça-palavras? Amigo, você está completamente doido!"
"Elas não são encalhadas! Só queremos sair como amigos. Você sai com a Jenny mas não me enche se eu não quero ir com vocês."
"Não tenho nada contra suas amigas. Mas quando foi a última vez que saiu com alguém – quer dizer, realmente saiu com uma garota? Cara, tá na hora de se mexer."
"Tá. Obrigado pelo conselho", Sean disse secamente enquanto Randy se levantava e saía.

Quando Randy passou pela porta da lanchonte, ele se virou e gritou para Randy: "Ei, Missler! Tenho uma palavra para o seu jogo que tem nove letras: E-S-Q-U-I-S-I-T-O!"

"Muito engraçado", Sean disse baixinho conforme a gargalhada do amigo desaparecia no corredor.

RESPOSTAS HUMILDES, MAS NÃO IDIOTAS

Se você já se deparou com uma situação semelhante, então sabe como ela pode ser constrangedora. Mas embora não seja sempre fácil, temos de aprender a nos posicionar em nossas convicções se ficarmos amargos com quem discorda e debocha de nós. Quando comunicamos nossa visão aos outros, precisamos ter o cuidado de não ficarmos cínicos, sarcásticos ou defensivos.

A revista cômica *Mad*, conhecida por seu humor ultrajante e loucura generalizada, tinha uma tirinha chamada "Respostas Idiotas para Perguntas Imbecis". A ideia deste quadrinho era se alguém lhe fizesse uma pergunta boba, ele ou ela merecia uma resposta igualmente boba. Por exemplo, um dos quadrinhos mostrava uma pessoa perguntando a uma garota com o telefone no ouvido: "Você está falando ao telefone?" A garota ao telefone respondia sarcasticamente: "Não, isto é um cotonete gigante".

Estou mencionando isto porque esta atitude é exatamente oposta àquela que queremos dar às pessoas que questionam nossa decisão de não namorar. Não queremos dar "Respostas Idiotas para Perguntas Imbecis" mas respostas humildes, respostas que honrem a Cristo para qualquer pergunta, mesmo que pareça estúpida. Não queremos deixar a pessoa de lado quando expressamos nossas convicções; queremos nos submeter às nossas próprias convicções e comunicá-las de forma que as pessoas possam ouvi-las. Então nosso primeiro princípio de comunicação é este:

> *Devemos comunicar nossas convicções sobre o namoro com humildade e com desejo de agradar a Deus, e não rebaixar os outros.*

Quando abordamos algo de forma diferente, podemos facilmente cair numa mentalidade defensiva e crítica. Algumas pessoas que conheço (incluindo a mim mesmo) já expressaram seus padrões de namoro de modo convencido e farisaico. Estas atitudes são completamente erradas. Comunicamos e vivemos nossas convicções para agradar a Deus e servir aos outros ao nosso redor, não para nos sentirmos superiores e rebaixar os outros. Deus odeia o orgulho e o fariseísmo e devemos evitar aquelas atitudes sempre que discutimos nossos padrões.

CENA DOIS: TIA TESSI

"Laranja, cor de abacate e dourado", Sara pensou. "Tudo na casa de minha tia é laranja, cor de abacate e dourado", ela pensou enquanto tomava um sorvete num copo de uma coleção velha dos Ursinhos Carinhosos na sala de sua tia Tessi.

Naquele exato momento sua mãe e sua Tia Tessi entraram na cozinha. Tessi deu um abraço em Sarah. "Mmmm, que cheiro bom, Sarah", ela disse. "Onde você arrumou este perfume maravilhoso?" E, levantando a sobrancelha disse: "Um rapaz?"

Você não namora? Está doido?

"Sim", Sarah disse de forma marota e sentando-se no chão perto da mesinha de café.
A mãe de Sarah sorriu e se aconchegou no sofá.
"Quem?" Tessi praticamente gritou. "Quem é ele? Você está escondendo alguma coisa de mim? Quem?"
"Papai!" Sarah disse triunfante.
"Oh, você sempre brincando", Tessi disse sentando-se junta a mãe de Sarah no sofá. "Mas de verdade, me conte sobre sua vida amorosa."
"Lá vamos nós novamente", Sarah pensou correndo os dedos pelo gasto tapete dourado. Toda vez que via a tia, Sarah tinha de enfrentar as mesmas perguntas sobre sua vida de solteira. Tia Tessi não compreendia o conceito de não namorar.
"Oh, Tess, não comece com isto novamente", a mãe de Sarah disse, vindo em seu resgate. "Sarah tem somente dezesseis anos, e já disse a você que eu e Robert não queremos que ela namore. Os jovens hoje se metem em muitos problemas. Além do mais, Sarah está envolvida na igreja e quer ir para a faculdade. Não há porque se distrair."
"Ela precisa de um namorado!" Tessi falou como se não tivesse ouvido o que sua irmã havia dito. "Ela é uma garota tão bonita; ela não deve se privar. Eu já lhe disse que Angie está saindo com um dos melhores rapazes da Faculdade Clark? Eles se conheceram em uma das festas da irmandade. Ele está estudando para ser..." Quando tia Tessi tagarelava, não havia como fazê-la parar. Ela continuaria falando do novo namorado da prima de Sarah por mais uma meia hora antes de tomar o próximo fôlego.
Sarah olhou para sua mãe, que suspirou e sorriu para Sarah. Sua mãe já tinha se acostumado com tia Tessi também. Seu olhar lhe comunicava apoio: "Não se preocupe, garota. Você está no caminho certo; não deixe que isto a desencoraje".

A Defesa é Avaliada em Excesso

Quando você decide adiar o namoro, sem dúvida você encontrará alguém como tia Tessi (se é que você já não é parente de uma) que não se importa com princípios bíblicos lógicos e valores. Você pode argumentar e debater com este tipo de pessoa até ficar roxa mas ele ou ela ainda irá achar que você deve pegar imediatamente o bonde do namoro.

Quando interagimos com pessoas assim, lembre-se do seguinte princípio:

Você não precisa provar que alguém está errado para fazer o que é certo.

Não se preocupe com estar certo aos olhos dos outros. E não deseje secretamente que a vida dos outros se despedacem para que você possa defender sua opinião. Ao contrário, concentre-se em obedecer a Deus em sua própria vida e, quando possível, ajude os outros a obedecê-lo também. Você não precisa provar que os outros estão errados para seguir o curso que você sabe que Deus lhe mostrou.

Algumas vezes após compartilhar minhas convicções, as pessoas ainda discordam veementemente de mim. Elas veem as coisas de modo diferente. E tudo bem. Se estas pessoas continuarem seus relacionamentos, continuo achando falta de sabedoria. Eu oro a Deus que as mostre a mesma misericórdia que nos mostrou. Mas não continue a persegui-las; Deus irá trabalhar em suas vidas quando elas estiverem prontas.

Geralmente o argumento mais convincente é simplesmente o exemplo de sua própria vida. Precisamos respeitar as prerrogativas das pessoas quando discordam de nós e esperemos que nossos próprios exemplos as levem, de algum modo, para mais próximo da obediência de Deus.

Você não namora? Está doido?

Cena Três: O Dilema das Tardes de Domingo

A família Taylor se orgulhava de ser a última a sair da igreja no domingo. Seu filho mais velho, Paul, já tinha há muito tempo desistido de fazer com que seu pai e sua mãe saíssem antes. Assim quando seus pais conversavam alegremente com outro casal, Paul pedia licença e saía para o estacionamento da igreja, onde seu grupo de amigos ficava, perto dos carros.

"Ei, Paul!" uma voz feminina chamou. Era Alisha Johnson.

Alisha era uma aluna nova na Igreja Preston Valley mas ela rapidamente fez amizade com os jovens. Ela era extrovertida e cheia de energia; e usando as palavras de vários rapazes da Preston Valley, "um avião".

"Como vai, Alisha?" Paul perguntou, se aproximando do grupo. "O que a turma vai fazer esta tarde?"

"Paul!" um dos rapazes do grupo chamou. "Vamos para a pizzaria almoçar e depois descer até o rio. Quer ir?"

"Oh, vai." Alisha disse segurando seu braço.

O modo melancólico com que Alisha disse "vai" fez com que o coração de Paul batesse mais rápido.

Ela se encostou nele e começou a arrumar sua gravata. "Sr. Taylor", ela disse brincando seriedade, "você precisar ir até o rio".

"É?" ele disse, tentando não parecer nervoso com a atenção que ela estava lhe dando.

"É! Veja, estou de carro. Você pode dirigir até à minha casa e esperar que eu me troque; depois podemos nos encontrar com os outros na pizzaria. Posso deixar você em casa depois do rio."

Ele queria dizer sim – qualquer rapaz no mundo diria sim para Alisha Johnson – mas Paul sabia que não era correto. A voz e as ações de Alisha não eram dicas tão sutis de que estava interessada nele mais do que um irmão em Cristo. Alisha sabia que ele não namorava e ela não estava exatamente propondo namoro mas concordar com a proposta seria ir na direção errada. Paul não queria entrar num relacionamento romântico.

Paul imaginou os dois sozinhos na casa dela – a mãe de Alisha era solteira e trabalhava nos finais de semanas. Não era nada bom. Os dois chegariam juntos no restaurante. O resto do grupo começaria a ver os dois como um casal. E então Alisha o levaria de carro para casa à noite. Alisha era divertida e bonita mas Paul sabia que ele precisava manter a postura. Sair com ela seria enviar uma mensagem truncada. Ele não podia brincar com o coração dela.

"Você sabe que eu gostaria muito de ir", ele disse sorrindo tristemente, "mas meus pais gostam que eu fique em casa nos domingos. Temos alguns amigos que irão nos visitar esta tarde, então não poderei ir".

"Tudo bem", Alisha disse com um beicinho, voltando-se para o grupo. "Vejo você na quarta-feira então."

"Ótimo", Paul disse. "Ei, rapazes, divirtam-se", ele gritou enquanto voltava para o prédio da igreja.

Seus pais estavam acabando de terminar a conversa.

Quando Faltam Desculpas

Paul enfrentou um dilema. Suportar o deboche dos amigos e o menosprezo dos parentes é uma coisa mas recusar-se sair com uma garota já é demais. Como fazer isto sem parecer um eremita? Uma garota me mandou um e-mail, "Socorro! Já recusei dois convites para sair na última semana. Não tenho mais desculpas!"

Para esta garota e para Paul, chegará o dia em que não terão mais desculpas. Eles terão de explicar porque não querem atualmente buscar um relacionamento.

Nosso objetivo quando nos comunicamos com outras pessoas deve ser seu encorajamento e crescimento.

Você não namora? Está doido?

Este princípio significa que algumas vezes devemos explicar nossas convicções e razões para não namorar em detalhes e outras vezes, não devemos. Algumas vezes nossas explicações são úteis, protegendo os sentimentos dos outros e possivelmente os desafiando. Mas outras vezes nosso racionalismo somente confundirá as pessoas, destruindo a oportunidade do crescimento natural da amizade e enviando um sinal tipo 'sou mais santo do que você'.

Então como decidimos quando compartilhar nossa visão com os outros? Isto não é nada fácil mas podemos aprender a diferenciar entre as vezes oportunas e inoportunas compreendendo os dois tipos de relacionamento em nossas vidas: aqueles que são meramente conhecidos e aqueles que já são estabelecidos e contínuos.

Quando não me sinto íntimo da pessoa, eu raramente discuto minha visão sobre o namoro. As pessoas que não me conhecem podem interpretar incorretamente minhas afirmações ou pensar que estou julgando os outros. Assim, por exemplo, se uma pessoa que é nova na igreja me perguntar se estou saindo com alguém, eu sorrio e digo que não estou envolvido em nenhum relacionamento no momento. Lançando-me numa discussão dos sete maus hábitos do namoro seria a morte.

Por outro lado, explico minhas convicções aos amigos mais chegados. Eles sabem que não quero "ficar" com alguém que somente quero amizades até que esteja pronto para me casar. Já discuti isto com meus amigos e compartilhei livros e artigos que influenciaram meu pensamento. Se meus amigos concordam ou não, invisto tempo explicando minha posição. Isto facilita minha vida e protege seus sentimentos. Por exemplo, uma vez planejei ir ao cinema com um grupo de amigos. Na última hora, todos deram para trás exceto uma garota. Mas porque ela sabia que eu evitava sair com uma garota sozinha, ela me ligou para dizer que precisaríamos agendar outro dia. Seus sentimentos não foram feridos e eu não tive de dar uma explicação demorada. Ela respeitou minhas convicções.

Quando você tiver de compartilhar porque não namora, o que deve dizer? Independente das palavras que usar, lembre-se que o objetivo da comunicação não é ganhar um debate ou convencer os ouvintes de sua visão. Se seus amigos concordam, ótimo! Mas seu objetivo principal é comunicar humildemente o que sente que Deus lhe mostrou, encorajar seus amigos e contribuir para seu crescimento.

Quando você explicar seu ponto de vista do namoro, faça afirmações específicas sobre sua própria vida, não afirmações gerais sobre outra pessoa. Lembre-se, não é sua responsabilidade viver a vida de outras pessoas, somente a sua própria. Concentre-se no que Deus falou ao seu coração. Seja humilde e honesto sobre como tem tentado ser obediente. Se você mantiver este espírito humilde, você verá que seu ouvinte irá desejar compartilhar suas próprias lutas e questionamentos. Isto abre a oportunidade para você dar conselho e apoio.

Quando Somos Amaldiçoados, Abençoamos

Nosso motivo chave para comunicar nossas convicções sobre o namoro deve ser servir aos outros. Queremos promover a paz, o amor e a justiça que trazem glória a Deus. Quando nos sentimos exageradamente preocupados com as opiniões dos outros a respeito de nós, quando nos concentramos em provar que estamos "certos", corremos o risco de ficarmos na defensiva e arrogantes. Mas quando nossa principal prioridade é mostrar o amor de Deus aos outros e consideramos seus sentimentos, acharemos mais fácil tomar decisões sábias sobre o que fazemos e o que dizemos.

Quando você vir um daqueles olhares "Você não namora? Está doido?" das pessoas, adote a atitude de Paulo quando descreveu o abuso que sofreu por seguir a Cristo: "Quando somos amaldiçoados, abençoamos; quando perseguidos, suportamos; quando caluniados, respondemos amavelmente" (1Co 4:12-13).

Você não namora? Está doido?

A Bíblia nos diz que devemos suportar a dor do ridículo sem vacilar. Você já foi ridicularizado por pessoas que não compreendem suas convicções sobre o namoro? Ao invés de rebater, responda com gentileza e peça a Deus para mostrar a estas pessoas a mesma misericórdia que mostrou para você.

Parte Quatro

E Agora?

Capítulo Doze

Aproveitando o tempo

TIRANDO MAIOR PROVEITO DA VIDA DE SOLTEIRO

"Veja isto", minha mãe disse, me entregando um cartão. "Fomos convidados para uma recepção para Jenny e seu novo marido."
Olhei fixamente para o convite e o casal na fotografia. Meu queixo caiu. "Não acredito", eu disse, "Jenny Renquist está casada? É impossível!"
"O que você quer dizer com isto?" minha mãe perguntou.
"Eu gostava dela na oitava série!" eu disse. "Como ela pode estar casada?"
"Ela conheceu um bom rapaz e se casaram. Isto acontece sempre."
"Por que isto está acontecendo com todas as garotas de quem gostei?" eu murmurei.
"Você não fala e não pensa em Jenny há anos", minha mãe me repreendeu. "Não fique saudoso de uma hora para outra."
"Não estou..." disse olhando para a foto novamente. "Mãe..."
"Sim?"
"Acho que meu relógio biológico está funcionando."
"Rapazes não têm relógio biológico."
"Não têm?"
"Não."
"Ó."

Casamento em Mente

Possuindo ou não um relógio biológico que funciona ou não, o casamento irá inevitavelmente começar a fazer parte de você. Os convites de casamento dos amigos começarão a chegar às dúzias. De repente, o que parecia algo distante e inimaginável se torna muito real. A esta altura em sua vida, as pessoas que descobrem que você não está ligado a alguém começarão a ter aquele olhar de quem quer lhe arrumar um par. Se você já chegou neste estágio, então sabe o que quero dizer. Todos ao seu redor mentalmente tentam juntar você com um membro disponível do sexo oposto que conhecem.

A condição de solteiro numa "idade de se casar" é uma condição precária. Mesmo que o casamento não ocupe sua mente, pode ter certeza de que ele ocupa a mente daqueles que o cercam. Minha família provou isto quando eu fiz vinte e um anos. Na minha família, temos a tradição de escrever cartas para quem faz aniversário. As cartas que recebi em meu vigésimo segundo aniversário me pegaram desprevenido. Por quê? Por causa das consistentes referências de "alguém especial" que evidentemente, na opinião de meus pais e irmão mais novo, apareceria a qualquer momento.

Minha mãe deu início a esta moda com a seguinte frase: "Sei que será difícil para nós deixá-lo ir embora quando encontrar aquela por quem temos esperado e orado".

"Aquela por quem temos esperado e orado?" pensei. Meu Deus, mãe! Descartei seu comentário como um lapso do S.Q.N. (Síndrome do Quero Netos).

Sorrindo, deixei a carta da mamãe de lado e comecei a ler a do papai. A dele foi um conselho paternal mas as últimas linhas continham um tema conjugal: "Finalmente, aguarde que encontrará alguém logo, se é que já não encontrou. Ela será preparada para você por Deus porque 'uma boa esposa vem do Senhor.' Quando você souber que a encontrou, seja paciente – não precisa se apressar. Mas também não precisa

adiar as coisas. Case-se com ela em um ano e conte com Deus para tomar conta dela".
Engoli seco quando li estas palavras. Deixei a carta de lado, depois peguei-a novamente e reli as frases novamente. "Aguarde que encontrará alguém logo?" Uau! Meu pai nunca discutiu casamento em termos tão sérios. Parecia algo tão pesado, tão adulto.
Desta vez abri a carta de meu irmão e companheiro de quarto de doze anos, Joel. Ele o desenhou no computador e imprimiu na impressora colorida de papai. "Claro", pensei, "Joel não poderia deixar-se levar por esta tolice de casamento". Eu estava errado. O final do cartão dizia: "Gosto muito de dividir o quarto com você, sabendo que algum dia em breve você estará compartilhando seu quarto com outro alguém".
Caí na risada. Minha mãe estava esperando e orando, meu pai esperava que eu a encontrasse logo e meu irmão já estava discutindo a noite de casamento! Ninguém tinha mencionado quando eu fizesse dezoito, dezenove ou vinte anos. Mas agora eu estava na boca do povo! Se não os conhecesse bem, eu poderia ter pensado que minha família tinha se encontrado às escondidas e planejado com que eu me casasse o mais rápido possível.

O QUE FAÇO AGORA?

Embora minha família não quisesse me forçar a casar prematuramente, suas cartas me lembravam que eu tinha iniciado uma nova fase em minha vida. À esta altura na minha vida, o casamento não era mais impossível. Se Deus trouxesse a pessoa certa para minha vida, eu poderia, teoricamente, fazer algo a este respeito.
Embora esta ideia fosse maravilhosa, era também confusa. Deus *não tinha* trazido a pessoa certa para minha vida. Meus amigos que conheceram e querem se casar com a 'pessoa certa' podem enfrentar obstáculos como acertar sua vida financeira e

conseguir uma moradia, mas pelo menos sabem o que querem fazer. Eles planejaram um curso a seguir. Mas meu caminho não é tão claro.

Se você se encontra no mesmo estágio, talvez você se faça as mesmas perguntas que eu faço: Será que o fato de eu *já poder* me casar signifique que deva ter prioridade em buscar alguém? Será que devo agir como se fosse me casar logo ou como se nunca fosse me casar? O que devo fazer *agora*?

Mexa-se Enquanto Espera

Felizmente temos uma fonte a que recorrer quando estas questões aparecem. Encontrei orientação no livro de Efésios. Paulo escreve: "Tenham cuidado com a maneira como vocês vivem; que não seja como insensatos, mas como sábios, aproveitando ao máximo cada oportunidade, porque os dias são maus..." (Ef 5:15). Outra versão diz: "Portanto, vede prudentemente como andais, não como néscios, e, sim, como sábios, remindo o tempo, porque os dias são maus..." (Ef 5:15, Versão Almeida).

Minha mãe usa a frase "mexa-se enquanto espera" para expressar a mesma ideia. Se um de nós, filhos, ficamos ao redor dela, mexendo nas panelas enquanto ela faz o jantar, mamãe fala como um técnico de futebol para seus filhos, "Não fique parado aí! Mexa-se enquanto espera!" Isto significa colocar a mesa, guardar as compras ou colocar os pratos na lavadora; seja produtivo neste intervalo.

Minha mãe não tolera o desperdício de tempo. Acho que Deus tem a mesma intolerância. Ele nos confiou dons e talentos e espera que os guardemos e usemos sabiamente. Será que Lhe daremos retorno no investimento que fez em nós? Embora não saibamos o próximo passo em relação aos relacionamentos românticos, ainda temos trabalho a fazer. Temos maus hábitos e devemos nos livrar deles, bons hábitos que devemos desenvolver e caráter para edificar. Temos de nos mexer!

Sim, ainda teremos muitas perguntas – talvez não saibamos quem ou quando nos casaremos. Mas não devemos deixar que o que *não sabemos* nos impeça de agir em relação ao que sabemos. E o que sabemos? Sabemos que temos o hoje para nos mover com energia resoluta em direção à maturidade e semelhança de Cristo, um chamado de todos os cristãos que se casarão na semana que vem ou daqui a dez anos.

Quando nos concentramos em "aproveitar o tempo", não só aproveitamos ao máximo cada momento, mas também nos preparamos para a próxima etapa de nossas vidas. Nossa fidelidade nas pequenas coisas nos garantirá o direito de lidar com responsabilidades maiores mais para frente.

MATANDO A SEDE DOS CAMELOS

No Antigo Testamento, Rebeca é uma mulher que "aproveitou o tempo" fazendo fielmente as obrigações presentes. Podemos aprender algumas coisas relendo a história de como ela se preparou, conheceu e casou-se com seu marido. A história começa quando Abraão envia seu servo mais velho e fiel a sua cidade natal para encontrar uma esposa para seu filho, Isaque. Catherine Vos continua a história desta maneira:

> Finalmente, após vários dias de viagem, ele chegou ao lugar onde o irmão de Abraão, Naor, morava. Fora da cidade ficava um poço. Nesta terra seca havia geralmente somente um poço para cada cidade. Toda noite as jovens da cidade iam até ao poço, com jarros enormes equilibrados em suas cabeças. Elas baixavam os jarros e tiravam água. Então elas carregavam a água para casa em suas cabeças para o uso da família.
> Quando o servo de Abraão chegou a Harã, fez seus camelos se ajoelharem perto do poço. Era final de tarde – na hora em que as jovens sempre se reuniam em torno do poço para retirar água.

Eu disse adeus ao namoro

O servo de Abraão creu em Deus. Ele chegou com segurança de sua jornada à cidade aonde Abraão o enviou. Mas ele pensou: "Como saberei qual destas jovens é aquela que Deus quer para Isaque como esposa?" Ele ajoelhou-se ao lado do poço e inclinou a cabeça. Ele orou: "Ó Senhor Deus, Senhor de Abraão, ajuda-me neste dia! Quando as filhas da cidade vierem tirar água eu direi para elas: 'Deixe-me beber de seu jarro,' e ela dirá: 'Beba, e eu darei de beber a seus camelos também,' e que esta seja aquela que Tu separaste como esposa para Isaque".

Deus geralmente responde as orações quase antes de pedirmos e assim Ele o fez. Antes que o servo tivesse terminado de orar, uma linda jovem chamada Rebeca veio ao poço. O servo pensou: "Será que é ela?" Ele correu para ela e disse: "Deixe-me, peço, beber um pouco de água de seu jarro".

A jovem disse educadamente: "Beba, meu senhor, e eu tirarei água para seus camelos também, até que tenham terminado de beber". Ela pegou o jarro e o deu de beber. Ela continuou a tirar água até que os camelos estivessem saciados.

O servo estava muito surpreso de vê-la dizer tudo o que tinha pedido em oração que ela dissesse. Sua oração tinha sido respondida tão cedo assim? Quando os camelos beberam o suficiente, ele deu a Rebeca um caro anel de ouro que tinha trazido consigo e colocou em seus braços dois lindos braceletes de ouro.

Então ele perguntou a ela: "Você é filha de quem? Há lugar na casa de seu pai para ficarmos?"

Ela respondeu: "Eu sou neta de Naor. Temos muito espaço para você ficar e feno e comida para os camelos".

Naor era irmão de Abraão. Quando o servo ouviu isto, ele ficou tão feliz que se prostrou no chão e adorou dizendo: "Bendito seja o Senhor Deus de Abraão que me guiou até a casa da família de meu senhor".

Aproveitando o tempo

O resto da história (que pode ser lida em Gênesis 24) conta como Rebeca concordou em dois dias a voltar com o servo de Abraão para se casar com Isaque, um homem que ela não conhecia. A história é, sem dúvida, surpreendente. Naqueles dias, estes eventos eram surpreendentes; hoje, separados por milhares de anos e culturas diferentes, os achamos mais surpreendentes ainda. E ainda assim, como toda a Palavra de Deus, podemos aprender uma lição desta história que transcende o tempo e a cultura.

Embora não estudemos esta história como um modelo de como os casais devem se conhecer e se casar, podemos aprender com as atitudes e ações de Rebeca. Em seu artigo intitulado "The Adventure of Current Obligations" (As Aventuras das Obrigações Atuais), Gregg Harris enfatiza o princípio da história: "Rebeca conseguiu chegar neste compromisso divino de Deus para sua vida porque ela fielmente cumpriu suas obrigações".

Para Rebeca, a viagem até o poço naquela noite em particular não tinha nada de especial. E ela provavelmente fez mais do que dar água a poucos camelos. Embora sua tarefa fosse mundana, ela agia com rapidez e estava pronta para servir aos outros. Estas qualidades a colocou no lugar certo, na hora certa, com a atitude certa quando Deus decidiu juntá-la com Isaque.

Nós todos temos nossos camelos para dar água – relacionamentos e responsabilidades atuais que podemos muito facilmente relegar. Se formos sábios, veremos nossas obrigações não como uma maneira sem importância de passar nosso tempo mas como molas que nos lançam ao plano e propósito de Deus para nosso futuro.

Pratique Agora

Por algum momento, faça uma lista de sua atitude atual. Você perde tanto tempo sonhando com o casamento que negligencia suas responsabilidades presentes como filho, filha, irmão, irmã ou amigo? Ou você está aproveitando o tempo, cumprindo suas responsabilidades que Deus lhe deu hoje?

Não podemos ignorar nossas responsabilidades e esperar para ganhar de forma mágica a força de caráter e virtude que nos fará bons maridos e esposas. Se não formos fiéis e crescer nos relacionamentos que temos agora, não estaremos preparados para buscarmos a fidelidade e crescimento em nosso casamento no futuro.

Eu desejo algum dia ser um marido preparado por Deus. Quero cuidar de minha esposa, amá-la, respeitá-la e protegê-la. Como posso treinar para isto? Creio que Deus me deu uma mãe e uma irmã para eu praticar a compreensão e honra às mulheres. Se não consigo amar e servir minha mãe e irmã hoje, o que me faz pensar que estarei pronto para amar e servir minha esposa no futuro? Tenho de praticar agora. O inverso também é verdadeiro para as garotas com seus pais e irmãos. As garotas podem enxertar seus relacionamentos com os homens em suas vidas como treinamento para amar e respeitar seu marido no futuro.

O casamento não nos transformará em novas pessoas. Temos de praticar agora o que queremos ser no futuro. Vejamos algumas áreas que podemos preparar enquanto ainda somos solteiros:

Pratique a Intimidade. Embora queiramos evitar a intimidade prematura nos relacionamentos românticos, devemos praticar a intimidade em outros relacionamentos de compromisso, a começar de nossas famílias. Deus nos deu famílias para aprendermos a arte de compartilhar a vida. Uma amiga íntima minha percebeu que desenvolveu péssimos hábitos de comunicação com seus pais. Sempre que eles tentavam conversar com ela, ela se fechava como uma concha e se recusava a compartilhar seus sentimentos. "Finalmente percebi", ela me contou. "Se eu deixasse de fora as pessoas que estão mais próximas de mim agora, eu faria a mesma coisa com meu marido no futuro." Para reverter esta tendência, minha amiga agora tenta edificar a intimidade e abertura com seus pais. Ao invés de se retirar para o quarto depois do jantar, ela fica por perto e conversa com eles. Ao invés de deixá-los fora de sua vida, ela os convida a participar. Este processo, que não foi fácil no princípio, não só fortalece os relacionamentos atuais como ensina a ela habilidades que precisará um dia como esposa.

Pratique Buscar a Deus com os Outros. Um amigo recém-casado me contou que antes de se casar, ele tinha tempo ininterrupto pela manhã para orar e escrever em seu diário de oração. Agora ele precisa ter tempo para fazer devocional com a esposa e em particular. "Nunca soube como seria difícil coordenar duas vidas espirituais!" ele disse.

Cada um de nós precisa desenvolver o relacionamento dinâmico, crescente e pessoal com Deus. Isto envolve praticar as disciplinas espirituais da oração, meditação, estudo bíblico, ensino bíblico e envolvimento na igreja local. Mas em preparação para o casamento, precisamos também aprender a buscar a Deus com uma outra pessoa. Repito, não queremos praticar esta disciplina com um interesse romântico até que estejamos prontos para buscar uma intimidade de compromisso. Mas podemos desenvolver o hábito com outras pessoas importantes em nossas vidas. Talvez você possa começar este processo com sua família e depois orar e estudar a Bíblia com amigos da igreja. Aprenda a orar com outra pessoa. Seja honesto sobre suas áreas de fraqueza e peça a Deus que lhe dê uma pessoa de confiança para quem você possa prestar contas em relação a seu crescimento com Deus. Recentemente estava com um grupo de quatro amigos – um rapaz e três garotas. Passamos o dia numa caminhada e depois fomos para minha casa relaxar e conversar. Uma das garotas começou a falar sobre como Deus tinha lidado com ela em diferentes áreas de obediência. Seu testemunho nos levou a um momento espontâneo de oração e juntamos as mãos e adoramos a Deus, levando as necessidades uns dos outros ao Senhor. Não foi uma exibição forçada e artificial de "falar sobre Deus" para que parecêssemos espirituais; estávamos simplesmente discutindo o aspecto mais real de nossas vidas – Jesus. Que maravilhoso exemplo de aproveitar o tempo! Não só nos edificamos, como aprendemos como buscar a Deus lado a lado. E esta transparência e habilidade para discutir os assuntos espirituais irão um dia sustentar nossos futuros casamentos.

Pratique a Responsabilidade Financeira. Não só precisamos aprender a ganhar dinheiro e nos sustentar, como também precisamos aprender como lidar com o dinheiro de forma responsável. Agora é o momento de aprender como fazer um orçamento, economizar e dar o dízimo de forma consistente.

Durante várias semanas, meus pais se reuniam comigo e mais dois amigos para nos ajudar a criar nosso próprio orçamento. Uma das tarefas era registrar cada centavo que gastássemos na semana. Que tarefa reveladora! Não tinha a mínima noção de quanto dinheiro eu desperdiçava comendo fora. Embora eu ainda saia, agora coloquei um limite de quanto gastar com comida no mês. Um outro rapaz que conheço percebeu que investia uma enorme quantia de seu salário em uma loja de roupa famosa! Ele diminuiu os gastos com roupa e começou a economizar e dar mais.

Porque nós solteiros não temos tantas responsabilidades quantos os casados, podemos facilmente desenvolver maus hábitos financeiros. Devemos ter a certeza de que não iremos desenvolver estes hábitos que poderiam colocar o casamento em má situação ou, até mais importante, desperdiçar os recursos de Deus.

Aproveitando o tempo

Além de aprendermos a fazer um orçamento, lançamentos de cheques e seguro de carro e saúde, também precisamos estabelecer nossa própria filosofia sobre finanças. Que tipo de estilo de vida Deus quer que busquemos? Qual é o Seu ponto de vista em relação ao dinheiro e outros bens? Quando estas questões são deixadas sem resposta, estes assuntos podem causar sérios problemas e arrependimento se desperdiçarmos nossas vidas buscando as coisas erradas.

O livro que me ajudou tremendamente nesta área é *Money, Possenssions and Eternity* (Dinheiro, Bens e Eternidade) de Randy Alcorn (Tyndale House Pub., Wheaton, IL.) Larry Brukett também escreveu livros excelentes e guias de estudo sobre assuntos práticos relacionados com finanças; muitos deles foram escritos especificamente para jovens adultos.

Pratique a Paternidade/ Maternidade. As crianças não são somente um risco que corremos no casamento; elas são a recompensa também. E tornar-se um bom pai ou mãe começa quando ainda somos solteiros. Isto mesmo, podemos pegar ideias dos veteranos e praticar aquelas qualidades da paternidade que queremos exercitar com nossos futuros filhos.

Podemos usar nossos relacionamentos atuais para nos preparar. Deus me abençoou com cinco irmãos que vão de dois a treze anos. Embora ser pai seja totalmente diferente de ser irmão, posso "praticar" a paternidade agora investindo tempo nas vidas de meus irmãos, fazendo o melhor que posso para orientá-los no caminho da bondade e inclui-los em minhas atividades. Já troquei minha cota de fraldas sujas; já alimentei, dei banho e vesti meus irmãos e irmãs. Quando faço isto, aprendo um pouco sobre as responsabilidades e alegrias que acompanham a paternidade.

Procure oportunidades para praticar e aprender agora, tendo ou não irmãos mais novos. Fui inspirado por Jeanne, uma amiga de família, que leva sua preparação à sério. Como a mais nova da família, ela nunca teve a oportunidade de ter crianças a sua volta. Para compensar o tempo perdido, Jeanne se tornou voluntária como ajudante de uma família com sete crianças, não cobrando nada por isto. Um dia na semana ela vai até à casa da família e vira aprendiz em todas as atividades da casa, incluindo olhar as crianças, cozinhar, lavar roupas e limpar a casa.

Uma outra parte importante da preparação para a paternidade é observar os bons pais em ação. Talvez você tenha ou não um bom pai ou mãe em casa. Se não tiver, encontre pais na igreja que sirvam de exemplo. Um amigo me contou que tentou observar e passar tempo com alguns pais com que ele gostaria de se parecer. Ele se faz perguntas como: "Como estes pais crentes lidam com a disciplina? Como eles ensinam e instruem seus filhos?" Embora ele não ganhe nenhum crédito para a faculdade com isto, tenho o sentimento que estes estudos serão recompensados um dia quando enfrentar o maior teste para os homens: ser um pai.

Pratique Habilidades Práticas da Vida

O que são habilidades de vida? Peça a seus pais que o deixe cuidar da manutenção da sua casa – incluindo fazer compras, planejar o que comer e preparar as refeições para um casal durante alguns meses – você descobrirá o que é.

Embora estes tipos de habilidades não sejam nada glamourosas, são uma parte importante da administração da casa. Não temos desculpa para não nos preparar nesta área. E a melhor preparação é de fato fazer estas coisas. Alguns anos atrás, minha mãe me fez fazer todas as compras de mercado da família.

Eu tinha também de preparar o jantar uma vez por semana. Em princípio, eu não preparava as refeições mais gostosas do mundo para minha família, mas melhorei bastante! Embora eu tenha melhorado minhas habilidades na cozinha, ainda estou mal preparado nesta área de manutenção da casa. Tenho certeza de que você também tem pontos fracos. Vamos colocar "mãos à obra" para fortalecê-los! Se você não souber por onde começar, sente-se com seus pais ou uma pessoa crente de sua igreja e peça a ela que faça uma lista das habilidades que acha necessárias para a manutenção de uma casa. Tome nota destas habilidades e estabeleça um plano mestre para cada uma.

O Casamento Não É A Linha de Chegada!

Talvez eu tenha tocado em sua sensibilidade. Você pode pensar em algumas maneiras de aproveitar o seu tempo para que se sinta mais confiante de estar usando sua vida de solteiro para a glória de Deus. O que você pode praticar ainda hoje?

Podemos ativamente escolher modos de nos preparar para o casamento, se Deus quiser isto para seu futuro. Mas lembre-se das verdadeiras razões para sua preparação. A preparação para o casamento é um subproduto do amadurecimento e semelhança com Cristo. Mas enquanto o casamento é algo opcional, o desenvolvimento das qualidades de Cristo não é. Cada um de nós deve desenvolver o amor, a humildade, a paciência, o perdão e a responsabilidade.

Como solteiro, parte da boa mordomia envolve obter as habilidades de que precisaremos no casamento. Mas o casamento não é a linha de chegada. Estatisticamente falando, a maioria de nós irá eventualmente se casar. Mas nós precisamos ter a certeza de que "aproveitamos o tempo" para glorificar a Deus, e não para ganhar pontos com Ele para que possamos exigir o casamento. Preparamos e desenvolvemos nosso caráter para que possamos nos tornar tão flexíveis e úteis quanto possível para Ele, independentemente do que Ele planeja para nosso futuro. Os relógios biológicos podem bater o quanto quiserem; vamos aproveitar o hoje!

Capítulo Treze

Prontos para a parte agradável mas não para o sacrifício

COMO TER UMA VISÃO BÍBLICA E REALISTA DO CASAMENTO

Durante um ano quando estava no segundo grau, eu tive uma pequena produtora de vídeos chamada Hizway Wedding Videography, que filmava casamentos. O trabalho era uma forma interessante de ganhar a vida.

Um noivo e uma noiva me contratavam para filmar seu casamento para que pudessem se lembrar de cada detalhe deste dia muito especial. Quando chegava o dia, eu ia para a igreja horas antes com minha câmera, luzes, tripés e equipamento de som. Eu passava o dia inteiro filmando, ou você poderia dizer intrometendo-me, em cada momento memorável. Eu capturava em vídeo as madrinhas preocupadas com o véu da noiva; através das lentes eu assistia à conversa ansiosa entre o noivo e o padrinho. Durante a cerimônia, eu gravava a música especial, as velas sendo acesas e a troca de votos. No momento exato, eu dava um zoom no beijo.

Na recepção, eu imortalizei imagens dos convidados enchendo-se com petiscos, ponche e outros docinhos populares em casamento. Claro que não poderia perder o bolo sendo cortado; o buquê sendo jogado ou o evento final quando, no meio de uma chuva de arroz, o casal entrava num carro e ia embora. (Um casal até me fez ir ao aeroporto para filmá-los pegando o avião para o Havaí... ela ainda vestia o vestido de noiva e ele o fraque!)

Mas o verdadeiro trabalho vinha *depois* do casamento. Enquanto os pombinhos aproveitavam a lua-de-mel, eu passava meus dias olhando o monitor, editando muitas horas de filme em uma fita de vídeo de sessenta minutos. Eu cortava as mancadas para que tudo parecesse perfeito.

Se você assistisse a um dos vídeos sem saber quantas vezes eu adiantei a fita e cortei coisas, poderia ter a ideia errada de que o casamento ocorreu sem um problema. Você não saberia que a mãe e a irmã da noiva discutiram com raiva sobre o grampo do véu ou que o fraque quase não chegou a tempo ou que um sobrinho meteu a mão em uma poncheira. Num vídeo editado, tudo flui naturalmente, o noivo e a noiva se parecem com estrelas de seu próprio filme e a música suave no fundo faz com que tudo pareça um conto de fadas.

É tudo lindo e romântico mas não é a realidade.

UMA VISÃO EDITADA DO CASAMENTO

Infelizmente, muitos jovens adultos têm a visão do casamento como a dos vídeos de casamento irreais e limitados que eu costumava criar. Estas pessoas acham que a vida de casado é feita de um momento grandioso e emocionante atrás do outro e que o dia a dia, as partes mundanas do casamento, é cuidadosamente editado do filme.

Uma amiga certa vez me falou que as garotas de seu dormitório na escola passavam horas folheando revistas de noiva. Elas escolhiam seus vestidos e os das madrinhas. Elas comparavam sem parar os anéis de noivado. Minha amiga estava desesperada com estas garotas que gastavam tanta energia e atenção ao que, na realidade, é uma porção mínima do casamento em si. "O casamento é muito mais do que uma cerimônia religiosa", escrevem Gary e Betsy Ricucci no livro *Love that Lasts* (O Amor que Dura). "A cerimônia é um evento, mas o casamento é um estado. Não é um ato único; é um compromisso para a vida toda que deve ser desenvolvido e mantido." Podemos somente desejar que estas garotas pensem melhor sobre o que vem *depois* das festividades do casamento. Será que estarão preparadas para o desenvolvimento e manutenção que o casamento exige? As garotas não são as únicas culpadas de reduzir o casamento a um simples aspecto. Nós rapazes temos nossa própria visão imatura do casamento também. Tenho vergonha de admitir que luto com a tendência de igualar o casamento com o sexo. Quando me imagino casado, eu quase que imediatamente me imagino indo para cama com minha esposa, como se isto fosse tudo do casamento! Sim, os maridos e esposas fazem sexo e não há nada de errado em desejar esta parte importante da vida de casado mas isto não pode ser a extensão da minha visão. Se eu alimentar a ideia do sexo como o principal propósito e finalidade do casamento, eu entrarei um dia no casamento despreparado e enfrentarei certos desapontamentos. Posso estar preparado para ir para cama mas estarei preparado para o sacrifício da vida de casado?

E você? Você se vê enfatizando um aspecto da vida de casado e excluindo as outras? Ou você consegue enxergar o quadro todo e se preparar para tudo o que o casamento será?

Considerando de Forma Adequada

Como solteiro, enfrentamos uma tarefa importante de cultivar uma compreensão equilibrada e bíblica do propósito e plano de Deus para o casamento. O casamento não deve ser, nas palavras de um antigo sermão de casamento, "considerado superficialmente como algo para satisfazer os desejos e apetites carnais do homem, mas reverentemente, ponderadamente, discretamente, sobriamente e no temor de Deus, considerando de forma adequada as causas pelas quais o matrimônio foi determinado".

Como devemos ver o casamento? De acordo com este sermão, reverentemente, ponderadamente, discretamente e sobriamente. Estas palavras, ricas em significado, nos dá um quadro vívido e amplo do casamento. *Reverência* significa "um profundo respeito mesclado de admiração". *Discrição* significa "discernimento ou bom julgamento". Fazer algo *ponderadamente* significa "considerar cuidadosamente". E conduzir algo *sobriamente* significa "ser bem-equilibrado, sem ser afetado pela paixão, excitação ou preconceito".

Estas qualidades definem nossa abordagem do casamento? Muito frequentemente, a resposta é "não". Já ouvi pessoas concordarem com a união de duas pessoas simplesmente porque, em sua opinião, os dois teriam lindos bebês. Isto pode ser verdade e não há nada de errado se tiverem mas se colocamos nossa importância em tais assuntos, obviamente não temos o casamento em alta conta. Precisamos esquecer a ideia leviana de que o casamento é um jogo ou algum tipo de "baile de formatura para adultos" no qual ser um casal lindo é o mais importante.

Ao contrário, precisamos acordar com um balde de água da realidade. Precisamos compreender o propósito de Deus para o casamento assim como para nossa responsabilidade no casamento. Felizmente, a Palavra de Deus nos esclarece estas ideias. Os Ricucci escrevem em *Love that Lasts*, "Você não precisa ler muito longe na Bíblia para se surpreender com a perspectiva de Deus à respeito deste relacionamento mais significativo e sagrado..." Gary e Betsy Ricucci fazem um esboço desta perspectiva em seu livro. Eles me deram permissão para copiar (e adaptar para os solteiros) a parte onde eles respondem à pergunta: "O Que é o Casamento?"

O Casamento é a Primeira Instituição (Gn 2:22-24).
Foi determinado antes da família, perante um governo – até mesmo perante a Igreja.
O Casamento Descreve a União Sobrenatural Entre Jesus e a Igreja (Ef 5:31-32).

Uma das mais belas analogias que Deus usa para definir Seu relacionamento conosco é a do casamento. A compreensão disto é algo inspirador e sério. As pessoas deveriam ser capazes de olhar para nosso casamento e dizerem: "Então é assim que a Igreja se parece? Isto é o que significa ter um relacionamento com Jesus?" Deus pretende cultivar o mesmo amor abundante e incondicional entre o marido e a esposa que Ele tem por nós. O casamento é um mistério profundo e maravilhoso estabelecido por Deus para Sua glória.

O Casamento É o Evento Que Deus Selecionou para Consumar Todo o Tempo (Ap 19:7).
Deus teve pelo menos dois mil anos para fazer os preparativos para honrar Seu Filho no final dos tempos. É algo significativo que Deus não tenha marcado a coroação do Cordeiro nem a formatura do Cordeiro. Ao invés disto, Ele planejou as bodas do Cordeiro. Por que o casamento? Porque ele fala da união e intimidade de forma que nada mais fala. A maior coisa que Deus poderia planejar para Jesus era presenteá-lo com sua Noiva radiante. Não é para menos que nos sentimos tão emocionados quando uma noiva anda em direção ao altar. O casamento é um presente santo e maravilhoso. E um dia iremos ter de prestar contas de nossa mordomia em relação a este presente.

O Casamento Deve Ser Tratado com Honra (Hb 13:4).
Uma Bíblia de estudo em inglês trás uma elaboração deste versículo, enfatizando que o casamento deve ser estimado como algo digno, de grande valor e muito precioso. Ele exige que o guardemos de qualquer pensamento de desonra ou que o diminuamos em valor.

"Quando eu (Gary) paro no mercado para comprar leite, geralmente compro flores para Betsy. Numa ida em particular, quando cheguei ao caixa, ele brincou: "Qual é o problema – você está dormindo no sofá?" Teria sido fácil rir com ele desta piada. Mas eu queria que ele soubesse que meu casamento era importante para mim. Esta era a chance de eu desafiar seu conceito equivocado, semear em sua mente a semente da esperança sobre o potencial tremendo do casamento. Então, sem convencimento, eu respondi: "Não – é que eu amo minha esposa".
Sua futura esposa é criada à imagem de Deus. Seu casamento será um relacionamento sagrado.

Os Ricucci também dizem que devemos usar "cada oportunidade para defender a santidade do casamento". Embora os Ricucci tenham como alvo os casais já casados, acho que os solteiros também podem defender a santidade do casamento também.

Como podemos fazer isto? Anteriormente eu lhes falei de minha amiga cuja visão das colegas de quarto não ia além da discussão sobre anéis de noivado e vestidos de casamento. Como minha amiga poderia ter defendido a santidade do casamento numa oportunidade assim? Sem jogar um balde de água fria no entusiasmo delas pela futura cerimônia (elas tinham todo o direito de se sentirem animadas pelo grande dia), ela poderia tê-las ajudado lembrando-as gentilmente do outro aspecto importante da vida de casada. Ela poderia ter feito uma pergunta como: "Como vocês vão criar seus filhos? Você manterá as linhas de comunicação aberta com seu marido?" Estas perguntas importantes podem encorajar a perspectiva apropriada e o equilíbrio de nossa visão do casamento.

No meu caso, na próxima vez que os amigos começarem a discutir o casamento como sendo meramente uma oportunidade para ter sexo, eu poderei, quando já tiver reajustado minha própria atitude, desafiar sua visão imatura e limitada. Mesmo sendo solteiro, eu posso me ajudar e ajudar os outros a ter uma visão digna do casamento rejeitando atitudes e palavras que diminuam ou reduzam o valor do casamento, tirando-o do lugar de honra que Deus o deu.

Como você pode encorajar os outros a manterem o casamento em alta estima?

A Prova de Fogo do Casamento

A última consideração dos Ricucci merece atenção extra. Eles escrevem:

"O Casamento é um processo de refinamento. O conflito ocorrerá em todos os casamentos. Quando os problemas aparecem entre vocês dois, será fácil de se culparem. "Se você deixasse o ar condicionado ligado quando está calor, eu não ficaria chateada!" O fato é que, seu cônjuge não fará você pecar. Ele simplesmente revelará o que está em seu coração. Um dos melhores presentes que Deus nos dará é um espelho grande chamado cônjuge. Se Ele colocasse um cartão nele, estaria escrito: 'Isto é para que você descubra quem você realmente é. Parabéns!'"

À distância, os solteiros veem o brilho da vida de casado e pensam somente como ele o irá aquecê-los. E de muitas formas ele irá. Mas nos esquecemos que Deus quer usar o fogo do casamento não somente para nos confortar, mas para nos refinar e purificar de nosso egoísmo e pecado. Aquecemos nossas mãos com o fogo do casamento; Deus quer nos jogar dentro dele!

Eu não quero dar (ou acreditar!) na ideia de que o casamento será somente dor e incômodo. Mas o casamento não será êxtase e satisfação pessoal sem fim também, e se não percebermos isto, nossa experiência de casamento será extremamente desconfortável. Mike Mason, em seu livro *The Mystery of Marriage* (O Mistério do Casamento), escreve: "O santo matrimônio, como outras ordenanças santas, não foi feito como um lugar de descanso para pessoas preguiçosas. Pelo contrário, é um programa sistemático de autossacrifício deliberado e contínuo... O casamento é de fato uma ação drástica... É um passo radical e não foi feito para quem está despreparado, que não esteja realmente desejoso de submeter sua vontade e ser submisso de todo o coração à vontade do outro."

Devemos, quanto mais rápido possível, expelir todas as noções egoístas de que o casamento tem a ver com o que podemos obter ao invés do que podemos dar.

A Realidade dos Sonhos

Uma colunista chamada Ann Landers certa vez deu um conselho muito útil em relação ao trabalho que o casamento envolve. Uma de suas leitoras lamentava sobre as ideias irreais que muitas garotas tinham do casamento, implorando: "Por que você não abre o jogo com eles, Ann?" Landers respondeu:

> Abri o jogo com elas – de Anchorage a Amarillo.
> Eu lhes falei que todos os casamentos são felizes.
> É o continuar junto que é difícil.
> Eu lhes falo que um bom casamento é um presente,
> é uma conquista.
> Que casamento não é para crianças. Ele exige peito e maturidade.
> Ele separa os homens dos meninos e as mulheres das meninas.
> Eu lhes falo que o casamento é testado diariamente pelas habilidades do envolvimento.
> Sua sobrevivência pode depender da sabedoria para saber.
> Pelo que vale a pena lutar ou debater e até mesmo mencionar.
> Que o casamento é dar – e o mais importante, perdoar.
> E é quase sempre a esposa que deve fazer estas coisas.

Prontos para a parte agradável mas não para o sacrifício

E, como se isto não bastasse, ela deve querer esquecer o que perdoou. Geralmente esta é a parte mais difícil.

Ó, eu realmente abri o jogo com elas, se não entenderem minha mensagem, é porque não querem entender. Nossas lentes devem focalizar de forma nítida e não colorida. Porque ninguém quer ler a realidade dos sonhos.

Em nossos sonhos sobre o casamento, muito frequentemente esquecemos do verdadeiro andamento do casamento. Lemos as manchetes chamativas mas deixamos de lado o texto em si. O que o texto diz? Que os bons casamentos exigem trabalho, paciência, autodisciplina, sacrifício e submissão. Que casamentos de sucesso requerem "peito e maturidade" e, devemos acrescentar, uma compreensão bíblica do propósito e plano de Deus para o casamento. Somente quando cultivarmos estas qualidades e disciplinas poderemos cumprir nossas responsabilidades e experimentar a verdadeira alegria e satisfação no casamento.

HOMEM O SUFICIENTE PARA RESPONDER

Quero fechar este capítulo com um desafio para os rapazes. Enquanto o conselho de Ann Landers para as garotas tem como objetivo acordá-las dos sonhos infantis para que percebam que o casamento envolve trabalho, o poema a seguir, intitulado "Uma Pergunta de Mulher" de Lena Lathrop fala particularmente aos homens. Ele ainda me dá calafrios cada vez que o leio. As palavras de Lathrop me mostram o menino imaturo que sou, me desafiando a parar e ser homem o suficiente para tratar uma mulher corretamente. O palavreado do poema pode parecer antigo, mas a mensagem resiste ao tempo.

Eu disse adeus ao namoro

Você sabe que me pediu a coisa mais cara
já feita pelas Mãos acima?
O coração de uma mulher e a vida de uma mulher –
E o maravilhoso amor de uma mulher.

Você sabe que me pediu algo que não tem preço
assim como uma criança pede um brinquedo?
Exigindo o que os outros morreram para obter,
com o ímpeto descuidado de um garoto.

Você definiu meus deveres,
como homem, questionou-me.
Agora fique nas grades de minha alma de mulher
até que eu o questione.

Você exigiu que sua comida estive sempre quente,
suas meias e sua camisa sempre impecáveis;
eu exijo que seu coração seja verdadeiro como as estrelas de Deus
e sua alma pura como Seu céu.

Você exigiu uma cozinheira para sua comida
eu exijo algo bem maior;
Uma costureira você quer para suas meias e camisas –
Eu procuro um homem e rei.

Um rei para a maravilhosa esfera chamada Lar,
e um homem cujo Criador, Deus, observe como fez com
o primeiro e diga: "É muito bom".
Sou formosa e jovem, mas o tom rosa pode desbotar
desta face jovem algum dia;
Você me amará quando as folhas caírem,
assim como me amou no desabrochar da primavera?

Prontos para a parte agradável mas não para o sacrifício

Seu coração é tão forte e verdadeiro,
que posso me lançar em sua maré?
Uma mulher amorosa pode encontrar céu ou inferno
no dia em que se torna uma noiva.

Exijo tudo o que é grandioso e verdadeiro,
tudo o que um homem pode ser;
se você me der tudo isto, darei minha vida
para ser tudo o que exige de mim.

Se você não pode ter isto, uma lavadeira e cozinheira
pode contratar por baixo preço;
Mas o coração de uma mulher e a vida de uma mulher
não podem ser obtidos desta maneira.

Para as garotas que estão lendo este livro, oro para que este poema sirva como um lembrete para manter o padrão alto. Exija tudo o que é "grandioso e verdadeiro". Quando considerar a possibilidade de casamento, não diminua seu padrão nem por um momento; qualquer homem que lhe pedir para fazer isto não é digno de seu tempo.

E para os rapazes, temos muito trabalho pela frente, certo? Minha esperança para nós é que devemos compreender verdadeiramente o custo e o valor inestimável do amor de uma mulher. Convidarmos uma garota para ficar conosco o resto da vida não é algo insignificante ou um jogo. Espero que possamos obter o direito de tal coisa, nos esforçando para sermos homens íntegros – homens cujos corações sejam "fortes e verdadeiros". Então, e somente então, devemos nos colocar às grades da alma de uma mulher e pedir permissão para entrar.

Capítulo Quatorze

O que importa aos cinquenta anos?

QUALIDADES E ATITUDES DE CARÁTER QUE MAIS
IMPORTAM NUM PARCEIRO PARA VIDA TODA

Quando pondero sobre a eternidade do casamento, uma pergunta fica passando pela minha mente: "Que qualidades devo buscar numa esposa?" Talvez você imagine a mesma coisa quando considera passar o resto de sua vida com alguém especial. O que faria com que alguém fosse perfeito para você?

Quando penso nesta pergunta, sei que a resposta carrega muitas características profundas e internas, mas no dia a dia eu ainda acho difícil ultrapassar a superficialidade. Quando uma garota linda chega perto, todo meu bom senso se evapora. Quantas vezes me fiz de bobo ficando louco por alguém simplesmente por causa de seu charme e beleza? Muitas vezes.

Para curar esta tendência, eu criei um joguinho. Quando conheço uma garota bonita e sou tentado a ficar muito impressionado pela aparência, tento imaginar como esta garota se parecerá aos cinquenta anos (Se a garota estiver acompanhada da mãe, este jogo não exige muita imaginação). Ela pode ser jovem e bonita agora, mas o que acontecerá quando a beleza desvanecer? Há algo dentro dela que me dá alguma dica? É seu caráter que irradia e me atrai ou é simplesmente o seu vestido de verão que mostra bastante seu bronzeado? E daí que seu contorno feminino captura meus olhos hoje? Quando as gravidezes acrescentarem estrias e os anos acrescentarem quilos extras, há algo na alma desta garota que continuará a me atrair?

Coisas que Duram

Quando consideramos o que é importante num cônjuge, devemos ir mais à fundo do que a aparência, vestido ou desempenho em frente a outras pessoas. "Não considere sua aparência", (1Sm 16:7) Deus diz. Provérbios 31:30 nos fala, "A beleza é enganosa, a formosura é passageira..." O mesmo versículo fala que o tipo de pessoa que merece louvor é aquela que "teme o Senhor".

Ficamos facilmente impressionados pela imagem; Deus quer que valorizemos as qualidades que durarão. A escolha sensata de um parceiro para o casamento exige que avaliemos a essência do caráter e atitude da pessoa.

Neste capítulo veremos as qualidades de caráter e atitudes que importam no cônjuge. Mas conforme fazemos isto, também devemos perguntar: "Estou cultivando isto em minha própria vida?" Devemos ter o cuidado de manter uma atitude humilde de auto-avaliação. Não precisamos somente nos concentrar em *achar* a pessoa certa mas, o mais importante, em nos *tornar* a nós mesmos na pessoa certa.

Caráter

"O caráter é aquilo que você é no escuro quando ninguém mais além de Deus observa", escreve Randy Alcorn. "Qualquer um pode ter uma boa aparência em frente ao público ou até mesmo dos amigos", ele continua. "É algo completamente diferente ficar nu perante Deus, para ser conhecido pelo que realmente é por dentro." Não definimos o verdadeiro caráter de alguém pela imagem que a pessoa deseja passar ou reputação que a pessoa esconde, mas pelas escolhas e decisões que a pessoa faz e toma a cada dia.

O que importa aos cinquenta anos?

É necessária a verdadeira sabedoria para observar o caráter da pessoa. Isto sempre leva tempo. William Davis escreve: "Sua reputação é conhecida em uma hora; seu caráter não aparece num ano".

Observações sobre o Verdadeiro Caráter

Como avaliar o caráter de alguém? Como olhar além da imagem e reputação para enxergarmos o que a pessoa realmente é? Quando avaliamos o caráter de alguém (incluindo nosso próprio), precisamos observar cuidadosamente três áreas – como o indivíduo se relaciona com Deus, o modo como ele trata as outras pessoas e o modo como esta pessoa disciplina sua vida pessoal. Estas áreas são como janelas para o caráter da pessoa. "Assim como a luz do dia pode ser vista através de muitos buraquinhos, também as pequenas coisas ilustrarão o caráter da pessoa", escreve Samuel Smiles. "De fato, o caráter consiste de pequenos atos, desempenhados adequada e honrosamente."

Vejamos alguns "pequenos atos" que pode nos dizer algo sobre uma pessoa.

1. Como a Pessoa se Relaciona com Deus

O relacionamento com Deus de uma pessoa é o relacionamento que define sua própria vida – quando este relacionamento não funciona, qualquer outro relacionamento sofrerá. As Escrituras afirmam claramente que um cristão não deve nem considerar um cônjuge incrédulo. "Não se ponham em jugo desigual com descrentes", a Bíblia diz (2Co 6:14). Tanto você quanto a pessoa com quem vai se casar deve ter um relacionamento dinâmico, crescente e pessoal com Jesus Cristo. A pergunta não é meramente, "Você e seu cônjuge em potencial são salvos?" mas sim "Você está apaixonado por Jesus Cristo? Você O coloca acima um do outro?"

"Este é um daqueles lindos paradoxos da verdade bíblica", escreve David Powlison e John Yenchko. "Se você ama e deseja seu cônjuge mais do que qualquer coisa, você ficará egoísta, temeroso, amargo e desiludido. Se você ama a Jesus mais do que qualquer coisa, você realmente amará e aproveitará seu cônjuge. Você será uma pessoa com quem vale a pena se casar!"

Certa vez numa conversa sobre relacionamentos, duas garotas crentes me contaram que acham o foco em Deus uma das qualidades mais atraentes num rapaz. "É óbvio quando ele realmente ama o Senhor", minha amiga Sarah disse. "Quando ele fala de seu amor por Deus, podemos saber que ele não está distraído por nossa causa."

"Exatamente!" afirmou Jayme. "É engraçado porque os rapazes que fazem de tudo para impressionar as garotas não me impressionam de forma alguma. Eles me deixam enjoada."

Procure e faça de tudo para se tornar um homem ou mulher que, quando solteiro, busca a Deus de todo o coração, colocando-O acima de todas as outras coisas. Não se preocupe em impressionar o sexo oposto. Ao contrário, esforce-se para agradar e glorificar a Deus. Fazendo isto você eventualmente irá atrair a atenção de pessoas com as mesmas prioridades.

2. Como a Pessoa se Relaciona com as Outras

A segunda janela para o caráter de uma pessoa é seu relacionamento com os outros. Observe como o parceiro em potencial (e você) se relaciona com as seguintes pessoas:

Autoridades. Como o parceiro em potencial reage às pessoas que são autoridade sobre ele? Este parceiro respeita a autoridade de um patrão ou pastor mesmo que discorde da figura da autoridade? Um rapaz que não consegue seguir ordem terá dificuldade em manter um emprego ou receber a correção pastoral necessária. Uma moça que não respeita a autoridade de um professor ou técnico esportivo terá dificuldade em honrar o marido. Busque, e esforce-se para se tornar, uma pessoa que respeita a autoridade dada por Deus.

Pais. Você provavelmente já ouviu este conselho sábio antes: "O modo como um rapaz trata sua mãe é o modo como tratará sua esposa". É verdade. O mesmo serve para o modo como a moça se relaciona com o pai. Não estou dizendo que uma pessoa que teve um péssimo relacionamento com seu pai ou mãe não possa ter um bom casamento. Pela graça de Deus podemos superar antigos hábitos. Mas realmente precisamos perguntar: "Se ele não é amoroso e gentil com sua mãe, por que devo crer que ele irá ser amoroso e gentil com sua esposa?" ou "Se ela não respeita o pai, será que me respeitará como marido?"

Não se esqueça de avaliar sua própria vida. Como você se relaciona com seus pais? Pode melhorar o modo como interage com eles para aprender como honrar seu futuro cônjuge? Se você realmente deseja a resposta para estas perguntas, peça a seus pais que lhe falem de suas perspectivas sobre seu relacionamento com eles.

O Sexo Oposto. Há uma enorme diferença entre a amizade genuína e a paquera. Aprenda a distinguir os dois. Ninguém quer se casar com uma pessoa namoradeira. Rapazes, se uma garota pousa como uma borboleta de um namorado a outro, sempre necessitando de atenção masculina, você acha que o casamento irá mudá-la de repente? Garotas, você gostaria de se casar com um rapaz que olha para todas? E você? Onde você se encaixa na escala amizade-paquera? Será que precisaria mudar as suas atitudes e ações em relação ao sexo oposto?

Companheiros. Os companheiros de uma pessoa são aqueles que a influenciam e moldam. Nesta categoria, o *modo* como alguém trata seus amigos não é tão importante quanto *quem* são estes amigos. A. W. Tozer observa: "Há uma lei de atração moral que direciona as pessoas àquelas mais parecidas consigo. Aonde vamos quando estamos livres para ir aonde queremos é um indicativo quase infalível do caráter".

Quem são os amigos mais chegados do cônjuge em potencial? Como estes amigos reagem? Dão valor a quê? Se estão acostumados com festas e uma vida descuidada, a pessoa que passa o tempo com eles irá provavelmente compartilhar as mesmas coisas. E os seus amigos? Você tem buscado relacionamentos com pessoas que o encorajam a andar com o Senhor? Ou seus amigos o puxam para longe? Não subestime o quanto seus amigos íntimos moldam o seu caráter.

3. Disciplina Pessoal

A terceira janela para o caráter é como a pessoa disciplina e conduz sua vida pessoal. Os "hábitos", escreve Charlotte Mason, "é uma parte importante da natureza". As coisas que fazemos involuntariamente, quase sem pensar, revelam nosso caráter.

Quando consideramos esta categoria, precisamos notar a diferença entre os hábitos pecaminosos e hábitos meramente irritantes ou péssimos modos. Todos têm hábitos que outras pessoas acham tolos ou irritantes. Meu pai costumava deixar minha mãe louca com o modo que ele come milho na espiga. Seu método lembra o modo de se datilografar uma velha máquina de escrever: nhac, nhac, nhac, nhac, nhac, plim! Nhac, nhac, nhac, nhac, nhac, na fileira de baixo. Talvez isto não seja uma boa educação à mesa mas não é um hábito pecaminoso. Ao invés de nos preocuparmos com coisas deste gênero, precisamos avaliar se nosso cônjuge em potencial (ou nós mesmos) temos hábitos que são desobediência a Deus ou que revelam um profundo pouco-caso para com os outros.

A seguir darei algumas áreas que mostram um pouco do caráter de alguém. Observe cuidadosamente estas coisas em sua vida também.

Como a pessoa usa o tempo. Ouvi Elisabeth Elliot dar uma palestra na qual disse que uma das coisas que a atraiu em Jim Elliot foi o fato de ele memorizar versículos bíblicos enquanto esperava na fila da cantina. Esta observação demonstrou que Jim era disciplinado e eficiente.

A forma como uma pessoa passa seu tempo de folga nos diz o que ela valoriza. Esta pessoa preenche seu tempo com hora a fio na frente da televisão? Esta pessoa cultiva e aprimo-

O que importa aos cinquenta anos?

ra os relacionamentos ou ela vai direto à próxima distração? Busque alguém (e seja este tipo de pessoa) que usa o tempo de forma sábia.

Como a pessoa lida com o dinheiro. A forma como a pessoa lida com o dinheiro é um dos, se não o mais claro, indicativo de seu caráter. Na festa de dezenove anos de meu amigo, Andy, ele pediu que as pessoas trouxessem dinheiro. Mas ele não queria o dinheiro para si. Ao contrário, ele doou todo ele para uma campanha de evangelismo que atingiria a cidade. A atitude de Andy em relação às coisas materiais provou que ele era um homem compassivo, amoroso e generoso. Ele mostrou que valoriza o eterno mais do que o material.

A pessoa que você está observando (ou você) está ligada em roupas, carros e outras coisas materiais? A pessoa pensa antes de comprar ou compra por impulso, com tendência à ostentação? Os hábitos de compra de uma pessoa revelam seu nível de responsabilidade.

Como ela cuida de seu corpo. Não podemos culpar uma pessoa por causa de coisas que não podem controlar – altura, traços físicos e em alguns casos o peso. Nem devemos nos preocupar em excesso com o exterior. Entretanto, o modo como a pessoa cuida de seu corpo nos diz algo sobre o caráter desta pessoa.

Primeiro, como a pessoa se veste? Uma garota que se veste de forma indecente pode chamar a atenção dos rapazes mas o que suas roupas nos falam de seu coração? Um rapaz que gasta seu dinheiro com a última moda pode ter uma aparência de "arrumadinho" mas sua paixão pela moda pode significar que ele se preocupa demais com o que os outros pensam dele (e que ele toma decisões insensatas com seu dinheiro).

A seguir, como a pessoa cuida de seu corpo? Ela tem uma autodisciplina em relação aos hábitos alimentares? Ela tem um programa razoável e consistente para se manter em forma? Deus quer que mantemos a saúde e condição de nossos corpos para que possamos servi-Lo mais eficazmente. Entretanto, isto não significa que devemos ter obsessão por exercícios físicos.

Uma pessoa que se preocupa demais em malhar está tão sem equilíbrio quanto uma que não faz nada.

Onde *você* se encontra nesta categoria de avaliação? Há lugar para melhorias em sua vida?

O IMPACTO DA ATITUDE

A atitude é o segundo critério essencial quando escolhemos um cônjuge. A atitude é uma condição favorável para a pessoa, a forma como ela encara e reage à vida. Para os cristãos isto significa muito mais do que o mero pensamento positivo. Uma atitude cristã inclui pensamento baseado na Bíblia e centralizado em Deus – desenvolver uma visão de nós mesmos, dos outros e das circunstâncias a partir da perspectiva de Deus.

Veja algumas formas chaves que expressam atitudes cristãs:

Uma atitude de obediência a Deus. Quando você procurar um parceiro, busque alguém que ouça e aja sem hesitação em relação ao que Deus está lhe dizendo. Queira alguém com uma atitude como a de Davi, dizendo a Deus, "eu me apressarei e não hesitarei em obedecer aos teus mandamentos" (Sl 119:60). Uma atitude de obediência reconhece o senhorio de Jesus em todas as áreas da vida. A pessoa em quem você está interessado busca consistentemente modos de submeter mais ainda sua vida a Deus? Ela tenta superar os maus hábitos? A pessoa é moldada de acordo com a cultura atual ou ela vai de encontro a ela, buscando ser transformada à imagem de Cristo?

Você está se esforçando para desenvolver uma atitude de obediência em sua própria vida? Você nunca será perfeito ou encontrará o companheiro perfeito – somos todos pecadores – mas somente as pessoas com uma atitude de obediência à Palavra de Deus continuarão a crescer em santidade e maturidade em suas vidas.

Uma atitude de humildade. Uma atitude de humildade leva em consideração as necessidades dos outros em primeiro

O que importa aos cinquenta anos?

lugar. A Bíblia afirma: "Nada façam por ambição egoísta ou por vaidade, mas humildemente considerem os outros superiores a si mesmos" (Fp 2:3). A pessoa que você está observando coloca as necessidades dos outros antes da sua própria? Observe as pequenas coisas. Quando ela está numa quadra de basquete, como age? Mesmo nas competições ela busca servir os outros? Como reage quando o conflito de família surge? Ela se apressa em culpar os outros ou se humilha o suficiente para dividir a culpa e buscar uma solução? E como *você* lida com estas situações? Uma das coisas que mais respeito em meu pai é sua vontade de se humilhar perante minha mãe e o resto da família confessando os pecados. Se ele fala de uma forma áspera ou age de forma bruta, ele não hesita em buscar o perdão. Um homem inferior não consegue fazer isto.

Duas pessoas não fortalecem um casamento porque não cometem erros; elas fortalecem o casamento mantendo uma atitude de humildade que se apressa em confessar os pecados, colocar os outros em primeiro lugar e buscar o perdão.

Uma atitude de diligência. Não julgue uma pessoa por sua linha de trabalho mas observe a atitude da pessoa em relação ao trabalho. Uma atitude de diligência é a vontade de trabalhar duro em qualquer tarefa que lhe for apresentada. Bill Bennett escreve: "O trabalho... não é o que fazemos para viver mas o que fazemos *com* nossas vidas... O oposto de trabalho não é o lazer ou jogar ou se divertir mas sim o ócio – não nos *investir* em nada".

Em Provérbios 31:17 a mulher exemplar é descrita como alguém que "entrega-se com vontade ao seu trabalho; seus braços são fortes e vigorosos" (Claro que a diligência é importante tanto para o homem quanto para a mulher). Busque alguém que investe em sua vida com algo importante no momento. Esforce-se para ter esta mesma atitude.

Uma atitude de contentamento e esperança. Uma atitude de contentamento e esperança é a que reconhece a soberania de Deus em cada situação. É o otimismo nascido da fé que busca a Deus – uma atitude mais consciente e grata pela evidência da graça de Deus do que dos problemas que necessitam de correção.

Veja algumas perguntas importantes que devemos fazer sobre a pessoa que você está observando, assim como sobre você mesmo: Esta pessoa tem reclamação ou louvor em seus lábios? Ela aponta os erros dos outros ou encoraja de forma consistente? Esta pessoa enxerga suas circunstâncias com um espírito de desânimo ou permanece confiante na fidelidade de Deus?

No início de seu casamento, o Reverendo E.V. Hill e sua esposa, Jane, enfrentaram dificuldades financeiras. Ele insensatamente investiu em um posto de gasolina e o negócio faliu. O dinheiro era pouco. O Dr. Dobson que ouviu o Reverendo Hill compartilhar sua história no funeral de Jane, a conta desta forma:

> Pouco tempo depois do fiasco com o posto de gasolina, E.V. chegou uma noite em casa e encontrou tudo apagado. Quando ele abriu a porta, viu que Jane tinha preparado um jantar à vela para os dois.
> "O que isto significa?" ele disse com seu humor característico.
> "Bem", disse Jane, "vamos comer à luz de velas esta noite".
> E.V. achou aquilo uma grande ideia e foi para o banheiro lavar as mãos. Ele tentou acender a luz e não conseguiu. Então tateou até o quarto e apertou outro interruptor. A escuridão continuava. O jovem pastor voltou para a sala de jantar e perguntou a Jane por que a eletricidade estava cortada. Ela começou a chorar.
> "Você trabalha tanto e estamos tentando", disse Jane, "mas é muito difícil. Eu não tinha dinheiro suficiente para pagar a conta de luz. Não queria que você soubesse então achei que deveríamos comer à luz de velas".

O que importa aos cinquenta anos?

O Dr. Hill descreveu as palavras de sua esposa com intensa emoção: "Ela poderia ter dito: 'Nunca passei por uma situação assim antes. Fui criada na casa do Dr. Caruthers e nunca tivemos a luz cortada.' Ela poderia ter magoado meu espírito; ela poderia ter me destruído; ela poderia ter me desmoralizado. Ao invés disto ela disse: "De algum modo a luz voltará. Mas vamos comer hoje à luz de velas".

Meus olhos se encheram de lágrimas quando li esta história. O otimismo da senhora Hill e a determinação de passar pelos momentos difíceis com seu marido exemplificam duas qualidades que desejo em minha própria vida e oro para que minha esposa tenha. Procuro alguém que acenda velas ao invés de amaldiçoar a escuridão.

O ABISMO

Compartilhei todas estas características e atitudes na esperança de esclarecer o que realmente importa num cônjuge – o que procurar em outra pessoa e o que desenvolver em nossas próprias vidas. Não devemos usar estas qualidades para laçar o sexo oposto ou como uma desculpa para evitar o casamento. Ninguém alcançará a perfeição em todas as áreas que exploramos. Para o homem que espera encontrar alguém perfeito, Benjamim Tillett tem a seguinte frase: "Deus, ajude o homem que não quer se casar até que encontre a mulher perfeita, e, Deus, ajude-o ainda mais se a encontrar".

Nunca encontraremos o cônjuge perfeito. Se encontrarmos, por que esta pessoa deveria querer se casar com uma pessoa imperfeita como você e eu? Benjamin Franklin disse: "Mantenha seus olhos bem abertos antes do casamento – e semifechados depois". O casamento requer fé na provisão de Deus e uma vontade de perdoar as imperfeições – a misericórdia necessária para manter os olhos "semifechados" para as falhas.

Um jovem me mandou um e-mail falando de seu medo em relação ao casamento: "Como conheceremos a pessoa bem o suficiente antes do casamento para saber se é a pessoa certa? Parece que o casamento é como nos jogarmos num precipício". Por um lado ele está correto. O casamento sempre será um passo de fé. Não um salto cego, mas um passo para além do que vemos com certeza.

Meu pastor, C.J. Mahaney, conta uma divertida história de como, antes de seu casamento, ele apertou a mão de seu futuro sogro e disse: "Obrigado, senhor, por me confiar a sua filha". O homem respondeu: "Eu não confio em você". Após uma longa pausa ele disse: "Confio em Deus". O pai depositou sua confiança no lugar certo.

Não podemos confiar em nós mesmos, e não conheceremos a pessoa com quem iremos casar completamente mas *podemos* confiar que Deus irá nos orientar nesta decisão e nos ajudará a mantermos nosso compromisso.

A Verdadeira Beleza

Enquanto estou solteiro, estou tentando desenvolver um caráter santo em minha vida e ter as atitudes corretas. E quando observo as jovens ao meu redor, mantenho meus olhos bem abertos. Sim, ainda jogo meu joguinho do "O que importa aos cinquenta anos?" Isto me ajuda a ver a juventude e a beleza que são passageiros e focalizar nos fundamentos do caráter e atitude.

Pobre garotas, se soubessem do meu jogo... Mas quem sabe? Talvez fiquem imaginando como eu serei aos cinquenta. Isto sim é que é um pensamento assustador!

Qualquer dia destes, e este é o memento pelo qual estou orando e esperando, encontrarei uma garota e quando eu a imaginar com cinquenta anos ela será muito mais bonita do que é hoje. Os anos não irão prejudicá-la; irão somente moldá-la e amadurecê-la. Porque a mulher que teme a Deus, cuja força interior é tirada da fonte da Sua vida, somente ficará mais bela

O que importa aos cinquenta anos?

com o passar dos anos. Claro que os sinais da idade irão aparecer mas o espírito que ilumina seus olhos ainda será jovem, vibrante e vivo. É isto que quero aprender a amar.

O quer farei quando encontrar esta jovem? Penso muito sobre isto. Não sei exatamente o que direi. Talvez me ajoelharei a seus pés e implorarei que passe o resto de sua vida envelhecendo comigo. Podemos ver nossos corpos se deteriorarem e juntos esperar pelo dia em que o Mestre nos dará corpos novos.

E quando eu a beijar no dia de nosso casamento, festejarei a mulher de minha mocidade mas sussurrarei em seu ouvido: "Mal posso esperar para ver você quando tiver cinquenta anos".

Capítulo Quinze

Um romance com princípios

PRINCÍPIOS QUE PODEM ORIENTÁ-LO
DA AMIZADE ATÉ O CASAMENTO

Jason e Shelly *ainda* discutem sobre quando se conheceram. Numa noite de quinta-feira após o estudo bíblico na faculdade, Jason chegou e se apresentou. "Como vai?" Jason perguntou apertando a mão de Shelly. "Meu nome é Jason. Tenho reparado em você mas nunca tive a chance de conhecê-la."

A moça de cabelos escuros sorriu e disse: "Sou Shelly e já nos conhecemos; mas você não se lembra".

"Que é isto?" Jason disse, um pouco sem graça. "Você tem certeza?"

"Tenho certeza", ela disse com uma risada bem humorada. "Foi no início de maio. Você se sentou na minha frente no domingo e alguém nos apresentou rapidamente. Tudo bem; sou fácil de ser esquecida."

"Isto é impossível!" ele protestou. "Tenho certeza de que me lembraria se tivéssemos nos conhecido."

Esta discussão divertida levou-os a uma amizade. Sempre que Jason via Shelly, ele se aproximava dela e dizia: "Oi, sou Jason. Acho que não nos conhecemos". Isto sempre causava risadas.

Eu disse adeus ao namoro

Nos meses seguintes, Jason e Sehlly começaram a se conhecer melhor. Já que tinham o mesmo círculo de amizades, geralmente se encontravam num restaurante com um grupo de rapazes e moças depois da igreja. Os universitários passavam horas conversando e rindo, bebendo café. Shelly sempre bebia chá. Jason notava isto. E isto não era a única coisa que ele notava. Ele começava a descobrir a profundidade de sua personalidade. Shelly era quieta, mas quando falava sempre dizia coisas inteligentes. Shelly sabia como se divertir e sabia quando ser séria. E na igreja, Jason sempre encontrava Shelly servindo os outros ou ajudando alguém. No domingo ela era voluntária no berçário e no grupo da faculdade muitas garotas procuravam Shelly para lhes dar conselhos e as consolar.

Shelly também estava observando Jason. Ela notou seu sorriso e a gentileza que dispensava a todos, sendo populares ou não ou se poderiam devolver o seu favor. Ela ficou impressionada com seu relacionamento autêntico com Deus; não era fachada. E ela gostava do fato de eles se relacionarem como irmão e irmã.

Shelly gostava de ter Jason por perto. Será que algum dia seriam mais do que amigos? Ela decidiu não se preocupar com isto agora.

Sem o conhecimento de Shelly, Jason *estava* se preocupando com isto. Ou pelo menos passando uma boa parte do tempo pensando a este respeito. Conforme conhecia Shelly, ele marcava, um a um, os itens de sua "lista de qualidades" que uma esposa deveria ter. Jason se pegava pensando em Shelly durante o dia e esperando ansiosamente a próxima vez em que iriam se encontrar. "Não tiro esta garota de minha cabeça", ele orou uma noite se revirando na cama, tentando dormir: "Senhor, Shelly é tudo o que sempre quis de uma garota. O que faço agora?"

NÃO HÁ FÓRMULAS

O que você faz quando acha que encontrou a pessoa com quem quer se casar? A amizade é algo ótimo mas como ir mais longe? Como conhecer melhor esta pessoa especial? A Bíblia não oferece um programa único para a transição entre a amizade e o casamento. Nossas vidas são muito diferentes, nossas circunstâncias muito ímpares e nosso Deus muito criativo para ter uma única fórmula para o romance. Os vários modos que Deus aproxima os homens das mulheres, como os flocos diferentes da neve, nunca são os mesmos. Mas assim como o tipo exclusivo de floco só pode ser formado a uma temperatura e precipitação específicos, um romance que honra a Deus só pode ser formado quando seguimos os padrões e princípios de Deus.

Neste capítulo, gostaria de definir um novo padrão para os relacionamentos que poderão nos ajudar a evitar os problemas que geralmente encontramos no namoro. Estes estágios que proponho não são uma solução mágica para estes problemas, nem são a única forma de desenrolar um romance. Mas acho que eles podem nos ajudar a desenvolver relacionamentos românticos santos. Estes estágios são: amizade casual – amizade profunda – intimidade significativa com integridade – noivado.

Vamos examinar alguns princípios úteis para nos orientar nas perguntas "E agora?" dos relacionamentos. Conforme progredimos, veremos os quatro estágios do romance que honra a Deus em ação. O primeiro princípio se aplica ao estágio 1.

1. Lembre-se de suas responsabilidades de relacionamento

Imagine que você está num carro numa estrada deserta. Ninguém por perto e o asfalto suave se estende até onde a vista pode alcançar. Você sabe que seu carro é rápido; mas não sabe o quanto é rápido. Mas gostaria de descobrir. Ninguém o verá; por que não tentar? Você acelera e sai ruidosamente pela estrada.

Agora imagine que você está no carro, mas desta vez um querido amigo está no banco do carona. E ao invés de estar numa estrada deserta, você se encontra no coração de uma cidade agitada, cercado por outros carros e pedestres. No canto de seu olho aparece um carro de polícia. Você nem *cogita* em acelerar. Você dirige pela rua vagarosa e cuidadosamente.

Qual a diferença entre as duas situações? Numa você está isolado e só tem a você mesmo com quem se preocupar. Mas a segunda situação o colocou num relacionamento com outras pessoas. Ao invés de estar sozinho, você tinha responsabilidades. Se você destruísse seu carro, você seria responsável pela vida da pessoa afivelada no banco ao lado. Seu descuido também colocaria a vida de outros motoristas em perigo. E finalmente, a presença do policial o lembrava das leis de tráfego que deve obedecer. Você dirigiu vagarosamente.

O mesmo princípio funciona nos relacionamentos românticos. Se você começasse a pensar somente em você – Será que esta pessoa gosta de mim? Será que daria um bom marido para mim? – você se lançaria rápido demais num relacionamento e provavelmente atropelaria as pessoas no caminho. Mas se você se lembrasse que suas ações afetam outros, você tomaria a decisão de prosseguir cuidadosa e cautelosamente.

Toda vez que você se sente atraído por alguém, tenha em mente que você está envolvido em três tipos de relacionamento: seu relacionamento com a pessoa com quem você está interessada; seus relacionamentos com as pessoas a seu redor, incluindo família e amigos; e o mais importante, seu relacionamento com Deus. Você tem uma responsabilidade um com outro.

Conversando Comigo Mesmo

Tento me lembrar destas três responsabilidades relacionais quando estou interessado numa garota. Nos primeiros estágios da atração, tenho muita dificuldade de manter minha mente clara. Tenho de me lembrar imediatamente das minhas responsabilidades. Eu geralmente tenho uma conversa comigo mesmo que é mais ou menos assim:"

"Josh, qual seu relacionamento com esta garota?"
"Ela é uma irmã em Cristo e sou instruído a tratá-la com pureza absoluta."
"Exatamente! Ela não é somente um rosto bonito ou uma esposa em potencial!"
"Não, ela é filha de Deus. Deus tem um plano para sua vida. Ele a está moldando e refinando para ser algo especial."
"Então qual é a sua responsabilidade para com ela?"
"Minha responsabilidade é ter certeza de que eu não vou me interferir no que Deus está fazendo. Devo encorajá-la a manter o foco e a dependência em Deus."
"Certo, muito bom. Agora, qual é sua segunda responsabilidade?"
"Minha segunda responsabilidade é com as pessoas ao meu redor."
"Tais como..."
"Tais como as pessoas da igreja, os incrédulos que talvez observem nosso relacionamento e até mesmo meus irmãos mais novos, que observam como me relaciono com as garotas."
"Por que você se importa com o que acham?"
"Eu tenho a responsabilidade de manter a unidade do grupo aqui na igreja; tenho a responsabilidade de ser um modelo do amor de Jesus para com os de fora; e tenho a responsabilidade de ser um exemplo para outros crentes."
"E sua responsabilidade principal é com Deus, correto?"
"Exatamente. Sou responsável por manter meu caminho puro, servir os outros como Cristo fez e amar meu próximo como me amo."

Estes tipos de perguntas podem ajudá-lo a obter uma perspectiva adequada desde o princípio e pode determinar se o relacionamento honrará a Deus ou se será meramente para autossatisfação. Livrando-se dos padrões errados em relação ao namoro típico exige que paremos de nos enxergar como "centro do universo" com os outros girando em torno de nossos desejos. Antes de nos lançarmos num relacionamento, precisamos nos conscientizar revendo nossas responsabilidades de relacionamento.

2. Primeiro Busque uma Amizade Mais Profunda (estágio 2).

Na primavera, minha irmã de quatro anos estava tão animada para ver as primeiras flores brotando do solo que arrancou um punhado de botões ainda bem fechados e orgulhosamente os deu para minha mãe. Minha mãe ficou decepcionada com a impaciência de minha irmã. "Você as pegou cedo demais", ela disse. "Elas são bem mais bonitas quando permitimos que floresçam."

Geralmente somos culpados da mesma impaciência em nossos relacionamentos. Ao invés de esperar até que a amizade floresça totalmente, nos atiramos no romance. Nossa impaciência não somente nos impede de termos uma bela amizade como solteiros, como pode também colocar nosso futuro casamento em terreno instável. Os casamentos fortes são construídos em uma fundação sólida de respeito mútuo, consideração e camaradagem de uma amizade.

Quando nos vemos atraídos por alguém, precisamos fazer da amizade profunda nossa maior prioridade. Muito frequentemente cremos que a interação num relacionamento exclusivo e romântico irá automaticamente significar que ficamos mais chegados e conheceremos melhor o outro. Mas isto nem sempre acontece. Embora o romance possa ser um nível mais emocionante de um relacionamento, ele também pode alimentar uma ilusão e paixão, obscurecendo o verdadeiro caráter de cada pessoa envolvida. Lembre-se, assim que começamos a dar corda em nosso amor romântico, nossa objetividade começa a sumir. Por esta razão precisamos enfatizar o desenvolvimento de uma amizade mais íntima com um parceiro em potencial antes de iniciarmos o romance.

Atividades que Aprofundam a Amizade

A prioridade de um rapaz e uma garota é de se conhecerem melhor como indivíduos – para obterem uma visão exata e imparcial da verdadeira natureza um do outro. Como você pode fazer isto? Primeiro, ao invés de abandonar as coisas rotineiras para passarem algum tempo juntos, procure oportunidade de incluírem um ao outro em suas vidas reais. Procure atividades que coloque o outro no seu mundo familiar, de suas amizades e trabalho, assim como em áreas de serviço e ministério.

Para Jason, um estudante universitário de espanhol, isto significava convidar Shelly para visitar a igreja espanhola onde ele ajudava na tradução do culto um domingo por mês. Esta atividade deu a ela uma ideia do amor de Jason pela língua espanhola e pelo povo hispânico. Numa outra ocasião, Shelly pediu a Jason que a ajudasse a ensinar a classe de escola dominical de adolescentes. Embora eles passassem a maior parte do tempo em grupo durante estas atividades, Jason e Shelly descobriram mais sobre o outro e aprofundaram sua amizade.

O Que Evitar

Enquanto a amizade progride, evite dizer ou fazer coisas que expressem o amor romântico. O contexto de aprofundamento de uma amizade não é uma ocasião para conversar sobre o seu possível futuro juntos; é hora de se conhecerem, servirem a Deus juntos na igreja e ouvirem a direção de Deus. Não faça as coisas com suas próprias mãos paquerando ou dando dicas de seus sentimentos românticos. E não encoraje seus amigos a falarem de vocês ou tratarem vocês como um casal. Quando seus amigos fizerem isto, simplesmente convide outras pessoas para irem com vocês nestas atividades para que não os vejam como casal.

Precisamos de paciência e autocontrole para não expressarmos sentimentos prematuramente, mas vale a pena. "Eu as faço jurar..." (fala a moça de Cântico dos Cânticos 8:4): "não despertem nem incomodem o amor enquanto ele não quiser". O comentário bíblico Wycliffe diz: "O amor não deve ser incomodado antes da hora certa, porque o relacionamento de amor, a menos que seja guardado cuidadosamente, pode causar dor ao invés da grande alegria que deveria trazer ao coração humano." Provérbios 29:20 afirma: "Você já viu alguém que se precipita no falar? Há mais esperança para o insensato do que para ele". Não seja o bobo em seu relacionamento falando precipitadamente. Se você está buscando uma amizade mais profunda, a outra pessoa já deve saber que você está interessado nela e isto você não pode evitar. Mas expressar estes sentimentos em palavras geralmente "incomoda o amor" antes que ele esteja pronto.

Se você realmente pensar bem, a necessidade de desabafar seus sentimentos é geralmente motivada pelo egoísmo, não pelo desejo de aprimorar a vida do outro. Queremos saber se os sentimentos são recíprocos e não suportamos a ideia de não saber o que o outro sente. Este tipo de egoísmo não somente tem o potencial para destruir o delicado início de um relacionamento, como pode também nos fazer sentir como bobos mais tarde se nossos sentimentos mudarem. Você nunca terá de se arrepender da decisão de esperar para expressar seus sentimentos.

3. *Observe, Espere e Ore.*

"Quer café?" Este era o código de Shelly quando queria dizer a sua mãe: "Precisamos ter uma conversa séria de mãe e filha". Sua mãe ficava contente em beber seu café e ouvir enquanto Shelly falava sobre seus sentimentos por Jason e as perguntas começavam a aparecer em sua mente. O que ele achou dela? Será que a via somente como uma companhia? E se ele quisesse algo mais? Ela os via como um casal? Casados? O chá de Shelly esfriava enquanto falava. Conforme se abria e respondia a maior parte das suas próprias perguntas, sua mãe gentilmente a lembrava de manter seu coração nas mãos de Deus. Então sua mãe deu umas sugestões práticas. A mãe de Shelly sentiu que seria um bom plano fazer algumas reuniões em sua casa com outros amigos para que o pai de Shelly pudesse conhecer Jason num ambiente mais descontraído sem pressão. Shelly gostou da ideia. Elas terminaram sua conversa em oração.

Uma das ocasiões mais confusas num relacionamento é quando o rapaz e a garota questionam se devem ou não ir mais além. Embora o tempo certo para aprofundar o relacionamento varie entre os casais, podemos nos beneficiar da paciência. É sempre mais sábio ter mais tempo extra para conhecer a pessoa melhor como amigo e buscar a orientação de Deus.

Ao contrário de Shelly, Jason não tinha o privilégio de ter a família por perto. A faculdade ficava longe de casa e seus pais eram divorciados. Então Jason escreveu para um tio, o irmão mais velho de sua mãe e um cristão maduro, uma carta de nove páginas descrevendo Shelly e pedindo conselho ao tio. O tio James sempre cuidou de Jason e era um tipo de mentor em sua vida. "Estou louco de pensar numa coisa desta?" Ele perguntou ao tio. Seu tio o ligou uma semana mais tarde e orou com Jason sobre esta situação. E o tio James fez algumas perguntas a Jason: Jason estava preparado para cuidar de uma esposa? Ele conversou sobre isto com o pastor? Ele estava atraído pela aparência ou caráter de Shelly? Finalmente, tio James encorajou Jason a esperar um mês ou mais e observar Shelly. "Não precisa ter pressa", ele disse. "Se for da vontade de Deus, tudo se desenrolará no momento certo. Não custa esperar."

Se você se sente inclinado a aprofundar um relacionamento com alguém especial, espere em Deus através da oração. Busque orientação de alguns crentes mais velhos e de confiança. O ideal é que dentre estas pessoas estejam seus pais, um mentor cristão ou outros cristãos de confiança. Peça que estas pessoas orem por você sobre esta pessoa. Convide-os a serem seus confidentes em relação a este relacionamento para que detectem qualquer "ponto cego" em você mesmo e na pessoa por quem se sente interessado.

Faça Perguntas

Durante este momento de observação e espera, tanto o rapaz quanto a garota devem se fazer algumas perguntas difíceis como: "Baseado no caráter que observei em nossa amizade, eu consideraria me casar com esta pessoa? Estou preparado para ir adiante no relacionamento de amizade e pensar em casamento?"

Obviamente estas são perguntas sérias. A maioria dos problemas que vemos nos namoros é resultado de não se levar estas perguntas muito à sério. Consequentemente, as pessoas namoram aqueles que nunca considerariam se casar e buscam relacionamentos românticos por puro divertimento, e não porque estão prontos para um compromisso. Podemos evitar problemas resultantes da "mentalidade de namoro" somente esperando em Deus e nos recusando a buscar um romance até que a permissão de seguir em frente dos quatro "sinais verdes:"

Sinal Verde 1: A Palavra de Deus

Baseado nas Escrituras, o casamento é correto para você e para a pessoa por quem você está interessado? Deus estabeleceu o casamento mas Ele também criou limites em torno dele. Por exemplo, se a pessoa que você está considerando não é crente ou tem uma fé questionável, pare por aí. As Escrituras também alertam que alguns ministérios funcionam melhor através de solteiros; talvez esta verdade se aplique ao plano de Deus para sua vida. Antes de prosseguir num relacionamento, busque a direção de Deus através de Sua Palavra escrita.

Sinal Verde 2: Você Está Pronto para o Casamento

Você tem a visão realista e equilibrada da vida de casado sobre a qual falamos no capítulo 13? Você está consciente e preparado para as responsabilidades de ser marido ou esposa? Você já alcançou um nível de estabilidade espiritual e emocional como solteiro que lhe dá respaldo num compromisso para a vida toda? Você está preparado financeiramente? Você precisa responder a estas perguntas de forma honesta antes ir em frente num relacionamento.

Sinal Verde 3: A Aprovação e Apoio de Seus Pais ou Guardiões, Mentores Cristãos e Amigos Cristãos Maduros.

Se você acha que está preparado para o casamento, mas ninguém que conheça e ame você concorda, talvez devesse reconsiderar. São necessários a sabedoria e o ponto-de-vista daqueles que cuidam de você e que o veja objetivamente. Isto não significa que os pais e outros conselheiros nunca estejam errados mas raramente devemos prosseguir sem seu apoio e bênção.

Sinal Verde 4: A Paz de Deus

Finalmente, você não pode substituir a paz que vem com nossa caminhada na vontade de Deus. Quando você ora a Deus ou conversa com seus pais e outros cristãos, a ideia do casamento lhe parece correta ou é permeada de tensão e apreensão? Embora eu não esteja sugerindo que você baseie esta importante decisão nos sentimentos, seus sentimentos podem ser um indicativo que se deve prosseguir ou não. Na maioria das vezes sentirá a paz de Deus somente quando os primeiros três sinais estão verdes.

4. *Defina o propósito do relacionamento: Buscando o casamento (estágio 3).*

Partindo do princípio que os quatro sinais estão verdes, você enfrentará um momento em que precisará definir claramente o propósito e direção do relacionamento.
Lembra-se do primeiro hábito do namoro errado? "O namoro leva à intimidade e não necessariamente ao compromisso." Muitos namoros, até mesmo os mais sérios, vagueiam sem um propósito claro. Eles ficam presos no mundo imaginário entre o namoro por diversão e o noivado. Nenhum dos envolvidos sabe exatamente o que o outro está pensando. "Estamos namorando por diversão ou é sério? Qual seu compromisso?" Não queremos ficar neste estado de limbo. Para isto precisamos de honestidade e coragem por parte dos dois.
O princípio 4 se aplica especificamente aos rapazes, que são aqueles que talvez "tomem o primeiro passo". Por favor, não entenda isto como uma atitude chauvinista. Homens, não somos o senhor de nenhuma garota; isto seria o oposto dos maridos cristãos que devem servir às suas esposas. Mas a Bíblia claramente define a importância da liderança espiritual do homem no casamento (Ef 5:23-25) e creio que parte da liderança deve começar neste estágio do relacionamento. As garotas com quem converso, crentes ou não, concordam. Elas *querem* um rapaz que tomem a liderança e deem direção ao relacionamento.
Então como isto deve ocorrer? Creio que um homem precisa dizer algo como: "Estamos ficando cada vez mais amigos e preciso ser honesto sobre os meus motivos. Com a permissão de seus pais, gostaria de explorar a possibilidade de casamento. Não estou interessado em participar do jogo do namoro. Estou pronto para ser testado por você, sua família e aqueles que são responsáveis por você. Meu desejo é conquistar seu coração".
"Mas", talvez você pense: "Isto é tão sério!" Sim, é! O coração e o futuro de uma mulher não são brinquedos. Por isto que a incerteza e confusão por parte dos homens quando é hora

de "ficar sério ou sumir" são tão repreensíveis. Chega uma hora, senhores, em que precisamos ser ousados, e desculpem-me por dizer isto, muito frequentemente nos falta ousadia. Perdemos o conceito de cavalheirismo. Causamos um grande prejuízo nas garotas quando buscamos o romance antes de estarmos preparados para o compromisso e hesitando quando devemos nos comprometer. Já basta! Vamos amadurecer.

As garotas têm responsabilidades nesta altura. Mulheres, sejam extremamente honestas em sua resposta quando um homem declarar suas intenções a vocês. Em alguns casos, esta honestidade irá exigir que você decline a oferta de ir além da amizade. Mas se você tiver os mesmos sinais verdes em sua vida, a honestidade talvez seja dizer: "Estou pronta para testar e ser testada!" É uma via de mão dupla. O rapaz batalha para conquistar sua afeição mas você também está sendo testada. Você está preparada para este homem especial se aproximar de seu coração e ser testada pela família dele?

Estas são grandes perguntas, não são? Mas precisamos perguntá-las e respondê-las para escapar do limbo da falta de direção, relacionamentos íntimos inadequados.

5. Honrar Seus Pais.

No caso de Jason, Shelly foi na verdade a segunda pessoa a descobrir o desejo dele de buscar o casamento. Após um longo tempo conhecendo-a e orando, Jason se sentiu confiante o suficiente para ir em frente. Mas antes de entrar em ação, ele decidiu honrar adequadamente os pais dela, pedindo primeiro a permissão deles para se aproximar mais de sua filha com o propósito de casamento.

Pessoalmente, eu pretendo fazer a mesma coisa. Acho que esta é a melhor maneira de começar um relacionamento com seus futuros sogros e cunhados. Sei que isto nem sempre é possível. Alguns rapazes que conheço falaram primeiro com a garota e depois com os pais dela. Em outras situações, um pai ou mãe não mora perto ou não é muito ativo em sua paternidade. Qualquer que seja o caso, o princípio é importante: Um jovem deve demonstrar respeito pela pessoa responsável pela garota. Se isto significar falar com seu pastor ou avô, faça isto. Se isto significar escrever, telefonar ou passar um e-mail para seus pais do outro lado do mundo, vá em frente. Percorra a distância necessária para lhes dar o respeito que merecem.

Permita-se Ser Testado

A esta altura, deixe os pais da garota à vontade para fazer perguntas a você. Que tipo de plano você tem para sustentar a filha deles? Que tipo de coisas você fará para conquistar sua mão? As perguntas dos pais irão variar, dependendo do relacionamento que têm com a filha ou de suas convicções pessoais. Infelizmente, muitos pais não se importam. Eles podem pensar que você está sendo melodramático ou levando as coisas à sério demais. "Ei, se quer levar nossa filha, vá em frente." Mas muitos irão ficar animados em participar do aconselhamento durante este emocionante estágio do relacionamento.

Os pais da garota podem ter preocupações específicas sobre o relacionamento ou o ritmo dele. Um pai que conheço questionou a maturidade espiritual de um rapaz que estava interessado em sua filha. O rapaz tinha recentemente voltado ao Senhor e tinha terminado um noivado com uma garota quatro meses antes. O pai lhe disse para dar um tempo e ser testado durante os próximos meses. O resultado não foi bom. Ele se recusou a honrar o pedido do pai e continuou tentando ver a garota escondido dos pais. Finalmente a garota lhe disse que não estava interessada em buscar um relacionamento mais profundo com ele.

Independentemente da resposta que receber dos pais, seja humilde o suficiente para ouvi-los e os honrar. Deus irá abençoá-lo por fazer isto. Lembre-se, eles investiram grande parte de suas vidas na filha. E Deus os colocou na vida dela para protegê-la. Não tente ludibriar a autoridade deles. Ao contrário, participe e se beneficie da sabedoria deles.

6. *Teste e edifique o relacionamento em ambientes da vida real.*

Agora o relacionamento chega a um emocionante estágio que se perdeu em nosso padrão atual de relacionamento. Este é o momento para um rapaz conquistar o coração de uma garota e para os dois testarem a sabedoria de um casamento em potencial. É uma hora de intimidade crescente, mas ao contrário da intimidade de muitos relacionamentos, esta intimidade tem um propósito.

Iremos inserir um estágio de transição entre o aprofundamento da amizade e o noivado – um período de "romance com princípio". Não para simplesmente termos um divertimento romântico. O romance com princípios tem o propósito de buscar o casamento, proteger-se da tentação sexual e prestar contas aos pais e a outros crentes.

Esta fase possui objetivos e responsabilidades distintas. Durante o estágio de teste/conquista do coração, meus amigos Jeff e Danielle Myers procuraram atividades que os permitissem servir outros e aprenderem juntos. Embora fizessem coisas juntos como casal, eles passavam a maior parte do tempo com a família e amigos. Eles saíam com os pais e preparavam jantares para outros casais na igreja.

Trazendo o Romance para Casa

Um dos aspectos mais infelizes do namoro atual é o modo com que ele removeu o processo de romance do conforto e realidade do lar. Muitos namoros separam o casal das pessoas que mais os conhecem e os amam ao invés de unir as duas famílias. No futuro, o casal irá valorizar o apoio e envolvimento de ambos os lados da família. Agora é hora de fortalecer estes relacionamentos.

O apoio e orientação dos pais durante este estágio, quando disponível, é de grande valor. Uma família escreveu as seguintes diretrizes para ajudar sua filha e seu pretendente. Embora estas diretrizes tivessem sido escritas para um casal específico em circunstâncias específicas, acho que elas podem ser úteis para esclarecer o propósito e o foco deste estágio.

1. Winston deve ganhar a confiança de Melody.
2. Comece a edificar um relacionamento íntimo. Conversem sobre muitos assuntos. Discutam os sentimentos, visões, desejos e sonhos. Aprendam as convicções básicas do outro.
3. Tentem compreender o outro: as diferenças entre homens e mulheres, objetivos e papéis, o que o outro pensa e como reage à vida.
4. Tentem compreender as coisas que o outro valoriza e detesta.
5. Comece a investir no outro em oração, serviço e dons. Exemplos: carta, telefonemas e flores.
6. Passem tempo juntos principalmente em família mas também pouco tempo juntos – caminhem juntos, sentem-se juntos. Por favor, evitem a "mentalidade do namoro". Esta é uma época de aprender e se comunicar.

Mesmo que você não tenha envolvimento com seus pais, estes tipos de diretrizes podem ajudá-lo a buscar um relacionamento com princípios. Estas diretrizes permitirão que o amor se desenvolva de forma sábia e protegerão o processo através da interação dentro dos limites seguros. Encontre modos criativos em seu próprio relacionamento para manter o foco no aprendizado, teste e amadurecimento, e não somente na parte divertida do amor romântico. Isto irá permitir que conheçam verdadeiramente um ao outro e que façam a melhor escolha possível em relação ao casamento.

Pronto para o 'Para Sempre'

O período de teste de conquista de coração precisa durar somente o tempo que levar para se sentirem confiantes em relação ao casamento. Virá a hora em que a observação, oração, avaliação e conversa chegarão ao fim. Então é hora de "fazer a grande pergunta", como dizem (estágio 4). Nesta hora, ela não deve ser surpresa, mas mesmo assim será um momento especial.

Obviamente se, durante o estágio de teste, os problemas e preocupações surgirem em relação a sabedoria da união, você deve parar o progresso do relacionamento ou até mesmo considerar terminá-lo. Mas se ambos estiverem confiantes no amor pelo outro e ambos tiverem o apoio dos pais para o relacionamento, não há razão para adiar o noivado e planejar o casamento.

7. Reserve a paixão para o casamento

Finalmente, em seu relacionamento que honra a Deus, defina diretrizes claras para a afeição física. Posso somente reiterar o que discutimos no capítulo 6: A pureza é uma direção, não uma linha que cruzamos de repente "indo longe demais". O inimigo de sua alma adoraria arruinar a beleza do amor desabrochando, levando-o ao caminho do desejo e comprometendo-o sexualmente. Por favor, não dê chance a ele.

Gosto do conselho de Elisabeth Elliot aos casais: "Tire suas mãos, mas não tire suas roupas". Até que esteja casado, por favor, não se tratem como se seus corpos pertencessem um ao outro. Os beijos, toques e carícias que acontecem nos relacionamentos atuais geralmente levam a confusão e comprometem as pessoas. Tal comportamento é frequentemente baseado em egoísmo e desperta os desejos que só podem ser satisfeitos no casamento. Protejam um ao outro e reserve a paixão para o casamento, recusando-se a iniciar o processo.

Pessoalmente, me comprometi a esperar, até mesmo para beijar, até que esteja casado. Quero que o primeiro beijo com minha esposa seja no dia de nosso casamento. Sei que isto parece algo antigo para alguns, e na verdade já fui ridicularizado por causa da minha ideia quatro anos atrás. Mas percebi como a intimidade física pode ser pecaminosa e sem sentido fora do compromisso e da pureza do casamento.

Concentrando-se na Alma

Guardar-se do lado físico do relacionamento, embora seja difícil, irá capacitá-lo a se concentrar na alma de seu futuro cônjuge. Um casal certa vez me contou que seu lema era: "Onde a progressão física começa e onde a progressão mais profunda termina". Em outras palavras, assim que começam a se concentrar no lado físico do casamento, o lado espiritual e emocional cessa de se aprofundar. Estabeleça um compromisso com Deus, seus pais, mentores cristãos, amigos e companheiro para deixar a paixão adormecer, armazenando o desejo para o leito do matrimônio. Ele irá despertar com alegria na hora certa.

Parte de manter este compromisso envolve evitar ambientes que incentivam a tentação. Isto não significa que nunca poderão ter privacidade. Mas duas pessoas podem ter privacidade e tempos juntos sem se isolarem completamente dos pais e amigos. Quando estão envolvidos em atividades que incluam somente vocês dois, tenha a certeza de que planejou cuidadosamente seu tempo juntos, evitem uma ênfase e atmosfera sensuais e deixe que alguém saiba onde estará e quando chegará em casa.

Lembre-se, adiando o envolvimento sexual, você reserva a paixão e a relação sexual para seu casamento, o que é muito mais importante. Não permita que a impaciência agora o roube a honra de ter um relacionamento sexual apaixonado no casamento.

Orientado pelo Espírito Santo

O novo padrão que discutimos é somente uma diretriz. Assim como tudo o mais, um casal pode manipulá-la para que somente quesitos mínimos sejam preenchidos. Mas eu creio que tal manipulação irá impedir que o casal experimente o que Deus tem de melhor. "Mas o fruto do Espírito é amor, alegria, paz, paciência, amabilidade, bondade, fidelidade, mansidão e domínio próprio" (Gl 5:22-23).

Quando o Espírito Santo orienta nossa jornada em direção ao casamento, nossos relacionamentos exibirão as mesmas qualidades.

A progressão amizade casual à amizade mais profunda à intimidade com propósito e integridade ao noivado não resolverão os problemas de relacionamento do mundo. (Enquanto pecadores como você e eu estivermos envolvidos, sempre encontraremos um meio de estragar tudo!) Mas ela poderá nos levar a uma abordagem mais segura e sábia do casamento. E para aqueles que estão verdadeiramente comprometidos em agradar a Deus e amar os outros sinceramente, espero que este novo padrão possa lhes trazer uma grande necessidade da renovação da pureza, ousadia e romance verdadeiro para as histórias de amor modernas. Eu o encorajo a criar sua própria história de amor inédita, seguindo princípios que honram a Deus para os relacionamentos. Você nunca se arrependerá de buscar o melhor Dele para você e seu futuro cônjuge!

Capítulo Dezesseis

Algum dia terei uma história para contar

ESCREVENDO UMA HISTÓRIA DE AMOR DE QUE SENTIREI ORGULHO DE CONTAR

Nada é tão romântico como ouvir um relato honesto e completo da história de amor de um casal. Somos muito privilegiados quando esta história é a de nossos pais.
Cresci ouvindo como meus pais se conheceram e casaram. As fotos dos álbuns de família servem como um cartaz para nos ajudar a "ver" a mamãe e o papai como eram quando se interessaram um pelo outro. Em pensamento, retrocedo no tempo, silenciosamente observando seu momento do destino...

Dayton, estado de Ohio, é um cenário improvável para um romance agitado. Meu pai gosta de salientar que Dayton foi onde nasceram o avião e os motores de carro com ignição automática – objetos, brinca ele, que ajudam as pessoas a saírem rápido da cidade. Mas, apesar dos sentimentos jocosos de meus pais, em 1973 esta cidade foi o palco para a história de amor de meus pais.
Conforme eu "viajo no tempo" para 1973, decido visitar a igreja que meus pais frequentavam. Primeira Igreja Batista fica na esquina de rua Maple com Ridgeway, uma mistura de tradições antigas e novas, onde um rebelde

"grupo de jovens" se reúnem. Encontro um lugar para me sentar na lanchonete localizada no subsolo de uma casa antiga ao lado da igreja. "A Rocha", como é chamada, está cheia de universitários e alunos de segundo grau. Um jovem em jeans desbotado e camiseta se senta num banquinho no canto da sala, tocando violão e cantando. É meu pai.
Seu cabelo é comprido e eriçado. Não pude evitar de sorrir ao ver como ele é magro. Claro que ele tem um bigode. "Algumas coisas nunca mudam", penso.
A música que está cantando é simples e apaixonada. "Três acordes e a verdade", será o título que dará no futuro. Já ouvi esta música antes mas cantada por um homem mais velho que a cantava com saudade, frequentemente parando para perguntar: "Qual é mesmo o próximo verso?" Aqui, tocada por alguém da minha idade, me fascina.

> O tempo está próximo, não demorará muito.
> Todos se irão
> Iremos nos encontrar no Trono do Julgamento;
> Alguns irão imaginar o que está acontecendo.

Já tinha me esquecido que meu pai quando jovem também enfrentou o mundo desconhecido e confuso. A esta altura na vida, ele tinha acabado de voltar para o Senhor e para sua terra natal, a cidade de Dayton. Nos últimos anos, ele se mudou de cidade em cidade, todos lugares para se passar férias – Laguna Beach, Lake Tahoe, Vail – tocando violão em restaurantes para ganhar gorjeta. Agora o jovem fugitivo que pegava carona tocava seu violão para Jesus. Muitos imaginam se algum dia ele será alguma coisa (Ele será).
Minha mãe está aqui esta noite. Que coisa estranha é ver minha mãe como uma linda jovem. Não consigo tirar meus olhos dela. Ela tem todos os gestos que tinha

quando jovem e os tenho notado com o passar dos anos. Ela é tão diferente e ao mesmo tempo tão parecida com o que é agora. É de se admirar que meu pai se apaixonou por ela? Eu a vejo dando uma rápida olhada em meu pai enquanto ele toca. Ela está tentando não parecer tão impressionada.
Nesta fase de sua vida, mamãe era convertida há um ano. Ela é ainda um pouco obstinada e independente. Aos dezenove anos, ela é uma bailarina de talento cuja conversão interrompeu suas ambições de seguir a carreira profissional. Com o futuro incerto, ela está inclinada a fazer missões interculturais. De algumas coisas ela tem certeza: ela não quer se casar ou ter filhos, *nunca*! Como ela reagiria se eu me apresentasse a ela como sendo o primeiro dos seus seis filhos.
Chego perto de sua mesa quando noto meu pai se aproximando. Não quero perder a conversa deles. Meu pai tenta demonstrar que está andando a esmo e vai em sua direção, mas ele obviamente quer conversar com ela.
"Ele nunca foi muito sutil", digo baixinho. Estou perto o suficiente para ouvir quando ele chega e a cumprimenta.
"Ei, você e sua irmã precisam de carona para casa?"
"Então é hoje!" penso. Já ouvi esta história inúmeras vezes. Debruço-me para frente para ouvir a resposta de minha mãe.
"Não, obrigada", diz ela. "Newton Tucker nos levará para casa."
Minha mãe sabe ser áspera quando quer, e hoje ela está com a corda toda. Completamente despreocupada, ela mal tenta ser educada.
"Bem... talvez eu possa ligar para você algum destes dias", meu pai diz.
"Graças a Deus que ele é tão desligado", penso. "Qualquer outro rapaz iria se tocar e desistir. Mas não meu pai. Não mesmo! Isto é bom. Se não fosse pelo espírito indomável dos Harris, eu não estaria aqui!"

Minha mãe olha para ele novamente e faz um "Mmmm-
-Mmmm" descomprometido, obviamente colocando
obstáculos.
"E qual é o número?" ele pergunta enquanto ela se le-
vanta para ir embora.
Ela olha para ele, para momentaneamente, e então diz:
"Está no catálogo da igreja."
"Ai!" eu digo em voz alta. "Minha mãe pode ser tão fria.
'Está no catálogo'. Isto sim *é* grosseria.
Meu pai se levanta silenciosamente enquanto ela se dirige
à porta e ele suspira quando ela desaparece nas escadas.
A situação parece desanimadora.
Mas eu conheço o final da história e esta é minha parte
predileta. É onde Deus se envolve.
Naquela noite, após o infame "Está no catálogo", minha
mãe e meu pai oraram um pelo outro na privacidade de
seus quartos.
A frieza de minha mãe em relação ao rapaz do violão
na lanchonete não era algo sem explicação. Ela gostava de sua música e de sua seriedade pelo Senhor que
tinha chamado a sua atenção. Mas desde que veio ao
Senhor, ela tinha sido cercada pelos rapazes loucos por
meninas crentes cuja fé não tinha sido muito eficaz em
seus hormônios. Alguns tinham dito a ela que Deus lhes
tinha dito que iriam se casar. Minha mãe rapidamente
descobriu que muitos rapazes usavam tons religiosos para
ganhar uma garota. Ela estava cansada disto e enojada.
"Senhor", ela orava, "se este rapaz for diferente dos
outros, se ele realmente ouve a Sua voz, diga a ele para
não me ligar". Ela apagou a luz do quarto e foi dormir.
No outro lado da cidade, meu pai fez sua oração. Uma
boa quantidade de abordagem errada com as garotas o
deixou inseguro sobre o que deveria fazer. "Deus, me
mostre se devo ligar para esta garota." A oração era
mais uma coisa formal do que um pedido real; Deus
nunca tinha interferido antes em seus interesses român-

ticos e papai não esperava que Ele fizesse isto agora. Na realidade, ele já estava planejando ligar para ela e estava pensando em dizer algo que deixaria minha mãe emocionada. Mas naquela noite papai se deparou com algo diferente. Ele claramente sentia Deus falando com ele. "Gregg, não ligue para ela." Deus tinha falado. Meu pai obedeceu. O resto, como dizem, é história.

CONFUSO E TUMULTUADO

Embora seja difícil imaginar, um dia eu contarei aos meus filhos a história que estou escrevendo com minha vida hoje. Mas isto não é muito para evitar que eu caia no labirinto confuso chamado agora. "A história nunca parece história quando estamos passando por ela", diz John Gardner. "Ela parece algo confuso e tumultuado e é sempre um incômodo."

Quando defendo o matrimônio sem ninguém em vista para ser meu cônjuge, fico no meio da confusão e do tumulto. Ainda tenho muitas perguntas. Será que saberei quando estiver passando pela minha história? Será que reconhecerei o evento que iniciará os capítulos de minha história de amor com minha companheira? O tempo parará por um instante para me dizer que esta é a pessoa – é a pessoa, em bilhões no planeta – é *ela*? Será que perceberei quando acontecer? Ou deixarei passar despercebido?

Algumas perguntas devem provavelmente ficar sem resposta. Sei que devo deixá-las de lado e esperar para que a vida desenrole estes mistérios. Algum dia quando eu for mais velho e sábio contarei minha história para alguém ouvir. E conforme for contado minha história, será que me lembrarei das dúvidas e questionamento em orações de hoje? Esquecerei da espera silenciosa; será que ela apagará as pegadas na praia? Provavelmente contarei a algum jovem tolo as mesmas coisas que estou cansado de ouvir dos outros. Eu lhe direi para aguardar o seu tempo, "porque tudo dará certo no final". E, claro, "não podemos apressar as coisas".

Algum dia terei uma história para contar. Você também. Como irá reagir quando um dia olhar para trás e vir sua história de amor? Ela trará lágrimas de alegria ou de remorso? Ela fará com que você se lembre da bondade de Deus ou sua falta de fé em sua bondade? Será uma história de pureza, fé e amor abnegado? Ou será uma história de impaciência, egoísmo e sem compromisso? A escolha é sua.

Eu o encorajo (e continuo a me relembrar) a escrever uma história de amor com sua vida que o fará orgulhoso.

Notas

Capítulo 2

Stephen Olford – Stephen Olford, "Social Relationships", um sermão gravado no Moody Bible Institute.
C.S. Lewis – C. S. Lewis, *Os Quatro Amores* (Orlando, Fla.: Harcourt Brace And Company, 1960), 50.
Elisabeth Elliot – Elisabeth Elliot, *Passion and Purity* (Grand Rapids, Mich.: Baker Book House, 1984), 153.

Capítulo 5

William J. Bennett – William J. Bennett, *The Book of Virtues* (New York: simon and Schuster, 1993), 57.
Marshmallows – Nancy Gibbs, "The EQ Factor", Time (2 de outubro, 1995), 60.
Elisabeth Elliot – Elisabeth Elliot, *Passion and Purity*, 164.
John Fischer – John Fischer, "A Single Person's Identity", um sermão de 5 de agosto, 1973, em Peninsula Bible Church, Palo Alto, Calif.
May Riley Smith – May Riley Smith, "Sometime", *the Best Loved Poems of the American People* (New York: Doubleday and Company, 1936), 299.

Capítulo 6

"Recognize the Deep Significance of Physical Intimacy" – sou agradecido a Lynn Denby, que me escreveu uma carta e desafiou meu pensamento sobre como rapazes e garotas devem se relacionar antes do casamento.

Billy Graham – William Martin, *A Prophet with Honor: The Billy Graham Story* (New York: William Morrow and Company, 1991), 107.

Capítulo 7

The Room – Joshua Harris, "The Room", *New Attitude* (primavera de 1995), 31. Reimpresso com permissão.

Capítulo 9

C.S. Lewis – C.S. Lewis, *Os Quatro Amores*, 66.

Capítulo 10

Elisabeth Elliot – Elisabeth Elliot, Passion and Purity, 31.

Stephen Covey – Stephen Covey, A. Roger Merrill, e Rebecca R. Merrill, *First Things First* (New York: simon and Schuster, 1994).

Beilby Porteus – Dr. Ruth C. Haycock, ed. *The Encyclopedia of Bible Truths for School Subjects* (Association of Christian Schools, 1993), 393.

Capítulo 12

Cahterine Vos – Catherine F. Vos, *The Child's Story Bible* (Grand Rapids, Mich.: William B. Eerdmans Publishing Company), 29. Usado com permissão.

Gregg Harris – Gregg Harris, "The Adventure of Current Obligations", The Family Restoration Quarterly 1 (February 1987), 2.

Capítulo 13

Rucucci – Gary Ricucci e Betsy Ricucci, *Love that Lasts: Making a Magnificent Marriage* (Gaithersburg, Md.: People of Destiny, 1992), 7-10. Usado com permissão.

Mike Mason – Mike Mason, *The Mystery of Marriage: As Iron Sharpens Iron* (Sisters, Ore.: Multnomah Books, 1985), 166.

Ann Landers – Ann Landers, "All Marriages Are Happy". Permissão dada por Ann Landers e Creators Syndicate.

Lena Lathrop – Lena Lathrop, "A Woman's Question", *The Best Loved Poems of the American People*, 22.

Capítulo 14

Randy Alcorn – Randy Alcorn, "O.J. Simpson: What Can We Learn?", Eternal Perspectives (verão 1994).

William Davis – William Davis, "Reputation and Character", *The Treasure Chest: Memorable Words of Wisdom and Inspiration* (San Francisco: Harper Collins, 1995), 54.

Samuel Smiles – William Thayer, *Gaining Favor With God and Man* (San Antonio: Mantle Ministries, 1989), 41.

David Powlison and John Yenchko – David Powlison and John Yenchko, "Should We Gat Married?" Journal of Biblical Counseling 14, (primavera 1996), 42.

AW. Tozer – A.W. Tozer, *The Best of AW Tozer* (Grand Rapids, Mich.: Baker Book House, 1978),111.

Bill Bennett – William J. Bennett, *The Book of Virtues*, 347.

E.V. Hill – James Dobson, Focus on the Family Newsletter (Fevereiro 1995), 3.

Charlotte Mason – Charlotte M. Mason, *The Original Homeschooling Series 1* (Wheaton, Ill.: Tyndale House Publishers, 1989).

Benjamin Tillet – *The Encyclopedia of Religious Quotations* (Westwood, N.J.: Fleming H. Revell Co., 1965), 298.

Benjamin Franklin – *Notable Quotables* (Chicago: World Book Encyclopedia, 1984), 65.

Capítulo 15

Wycliffe – Charles F. Pfeiffer, ed. *Wycliffe Bible Commentary* (Chicago: Moody Press, 1962), 603.
"Guidelines for Wiston and Melody" – Kenneth and Julie McKim, Family Heritage Newsletter (Setembro 1994).
Elisabeth Elliot – Elisabeth Elliot, *Quest for Love* (Grand Rapids, Mich.: Baker Book House, 1996), 269.

Capítulo 16

John Gardner – *Notable Quotable*, 48.
Dad's Song – Gregg Harris, "It's a Shame", c 1972.

Obrigado...

A *Apple Computers* pelo Duo 230.
A Don Miller por sonhar comigo durante alguns jantares.
A Greg Somerville e Donna Partow, que me incentivaram.
A Randy Alcorn, que me mostrou bondade quando não poderia dar nada em troca. Ele me aconselhou sobre as propostas do livro, me apresentou ao Multnomah Publishers e me deu conselhos e encorajamento quando escrevia o livro. A Karina Alcorn por ler os primeiros capítulos.
A Stephanie Storey, que mandou que alguém lesse "a proposta deste garoto". A Brenda Saltzer por lê-lo. A Don Jacobson e Multnomah por crerem que os ninguéns podem escrever livros também. A Dan Benson por me pastorear e Lisa Lauffer por editar o livro. A todos na Multnomah que se esforçaram pela excelência. Estou honrado de fazer parte da equipe.
A Michael Farris por "crer no que não pode ver".
A Gary e Betsy Ricucci por me dar uma visão sobre o casamento. A John Loftness pela edição rápida.
A todos os leitores da revista *New Attitude* e participantes das conferências que oraram e acreditaram no projeto. A todos que escreveram e compartilharam suas vidas: Grace Ludlum, Anna Soennecken e os amigos por correspondência de "Eugene Harris" em particular.
A Amy Walsh, Greg Spencer, Kay Lindly, Debbie Lechner, Matt e Jennie Chancey, Amy Brown, Martha Rupert, Matt e Julie Canlis, Sarah Schlissel, Rebekah Garfield, Kristine Banker, Rebecca Livermore e Josh Carden, que ouviram minhas ideias e compartilharam visões valiosas na hora certa.
A "turma", meu irmão e irmãs no Senhor: Bem Trolese, Ruth e Sheena Littlehale, Julie Womack e Sharon Stricker, cujo encorajamento, amizade e exemplos foram sinais de esperança durante os estágios finais do manuscrito. Obrigado por resis-

tirem durante nossas conversas: "Temos que conversar sobre amor e romance de novo?" Obrigado por serem genuínos. Falei de coração por causa de vocês.

A vovó Sato que conversou comigo sobre "mais do que um problema de garota".

A Rebecca St. James por escrever o prefácio, mas o mais importante, pela amizade e exuberância do serviço a Deus.

A Mrs. Elliot Gren por toda uma vida de fidelidade ao Senhor.

A Andrew Garfield, meu companheiro a quem presto contas e irmão, cujo trabalho nas conferências me permitiu dedicação ao livro. O próximo cachorro-quente no O'Hare é por minha conta, irmão.

A meu irmão, Joel, que me deixou ficar com a luz acessa a noite, enquanto escrevia.

Aos meus outros irmãos, Alex, Brett, Sarah e Isaac, sem os quais eu poderia ter terminado o livro muito tempo atrás. Obrigado pelo barulho.

A C.J. Mahaney por defender a doutrina do pecado e a Igreja. Obrigado pelas horas ao telefone "encaixando" as coisas.

A Janet Albers, minha segunda mãe e verdadeira "co-trabalhadora" em Cristo. Ela cuidou da *New Attitude* enquanto eu escrevia este livro. Ela fez a prova; ela editou; ela fez tudo. Obrigado por crer em mim. A minha mãe e meu pai, que eram, e sempre serão, meus primeiros editores. Obrigado por me criar para alcançar as estrelas. Obrigado por cuidar de mim enquanto escrevia e por se alegrarem com cada capítulo terminado. Meu triunfo e seu triunfo. Minha vitória, sua. Eu os amo.

A Jesus Cristo, "o que deu este dom, o que abençoa a ação e ajuda no projeto". Ele orientou e guiou. Ele me deu todas estas pessoas. Ele me perdoou. Obrigado, Senhor!